Informationsverhalten und Informationsbedarf von Juristen

Datenverarbeitung im Recht (DVR)

Archiv für die gesamte Wissenschaft der Rechtsinformatik, der Rechtskybernetik und der Datenverarbeitung in Recht und Verwaltung

Beiheft 2

1974

J. Schweitzer Verlag · Berlin

Informationsverhalten und Informationsbedarf von Juristen

Eine Erhebung von Infratest Sozialforschung, München, im Auftrag des Bundesministeriums der Justiz und der Gesellschaft für Mathematik und Datenverarbeitung

Projektleitung:
Knut Jungjohann (Infratest)
Dr. Ulrich Seidel (GMD)
Dr. Werner Sörgel (Infratest)
Dr. Sigmar Uhlig (BMJ)

Teil 1: Analyse-Band

1974

J. Schweitzer Verlag · Berlin

ISBN 3 8059 0375 8

Satz und Druck: Mercedes-Druck, Berlin

Vorwort

Die hier vorliegende Studie diente dem Zweck, eine Reihe von Aufschlüssen und Anregungen über die Gestaltung eines „juristischen Informationssystems“ zu gewinnen. Konkreter gefaßt: Erforscht werden sollten das aktuelle Informationsverhalten und die subjektiven Informationsbedürfnisse der potentiellen Systembenutzer, aber auch Ursachen ungenügender Information sowie Einstellungen und Erwartungen zu einer juristischen Datenbank. Die Behauptung einer „Informationskrise im Recht“ sollte als einer von mehreren Untersuchungsbestandteilen aus der Sicht des Juristen selbst überprüft und konkretisiert werden.

Die Messung des objektiven Bedarfs und der objektiven Bedarfsdeckung juristischer Information gehörte demgegenüber nicht zu den Zielen der hier vorgelegten Benutzerforschung. Die These von der „Informationskrise im Recht“ läßt sich insoweit wissenschaftlich nur dadurch erforschen, daß zunächst hypothetisch ein objektiver Informationsbedarf einschließlich der Forderungen zu seiner Abdeckung definiert wird. Die naturgemäß schwierigen und umfangreichen Vorarbeiten für die Erstellung von informationsbezogenen Indikatoren sind bisher weder von der Rechtswissenschaft erarbeitet worden, noch konnten und sollten diese von den Verfassern dieser Studie geleistet werden. Immerhin glauben die Verfasser, daß mit der in dieser Studie vorgelegten Forschungsarbeit ein Beitrag geleistet wurde für die Inangriffnahme einer Informations- und Informationssystemforschung innerhalb des rechtlichen Gesamtkörpers oder rechtlicher Teilkörper (Justiz, Rechtspflege, Gesetzgebung, Verwaltung, Wissenschaft und Lehre).

Die Widerstände der Juristen gegenüber einer empirischen Forschung im Bereich des Rechts sind bis heute noch nicht abgebaut. Diese Widerstände resultieren aus einem tiefsitzenden Mißtrauen gegenüber dem Aussagewert statistischer Ergebnisse. Daß der Jurist nicht in Versuchung kommt, einer Zahlenmystik zu verfallen, ist ihm sozusagen inhärent. Hilfreich ist diese Einstellung insoweit, als sie es ermöglicht, statistische Ergebnisse manchmal als Zahlentänze zu entschleiern und Scheingenauigkeiten zu erkennen. So gesehen werden daher alle empirischen Forschungsergebnisse – auch die hier vorgelegten – in Einzelpunkten zu Recht angreifbar sein. Gleichwohl darf diese Haltung nicht dazu führen, den Aussagewert empirischer Forschung per se zu unterschätzen, die heute nahezu in allen Bereichen als unerläßlich angesehen wird.

Dr. *Uhlig* Dr. *Seidel*

Inhaltsverzeichnis

0 Vorbemerkung

Im August 1972 beauftragten der Bundesminister der Justiz und die Gesellschaft für Mathematik und Datenverarbeitung Infratest-Sozialforschung mit der Durchführung eines sozialwissenschaftlichen Untersuchungsprogramms, in dessen Rahmen das Informationsverhalten von Juristen und deren Einstellungen und Meinungen zu einer juristischen Datenbank untersucht wurden. Die Besteller erteilten diesen Auftrag im Rahmen der Planungsarbeiten für den Aufbau eines juristischen Informationssystems (JURIS).

Zur Vorbereitung dieser Untersuchung führte Infratest-Sozialforschung im Sommer 1971 insgesamt fünf Gruppendiskussionen mit Richtern und Staatsanwälten, Rechtsanwälten, Professoren, Dozenten, Assistenten und Studenten der Jurisprudenz, Verwaltungsjuristen und Steuerberatern und Wirtschaftsprüfern durch.

Aufgabe der Gruppendiskussion war es, Einstellungen, Präferenzen und Vorbehalte von Juristen zu bestimmten Problemen der fachlichen Informationsgewinnung, -aufbereitung und -verarbeitung qualitativ zu erfassen. Als Schwerpunkte der Diskussion ergaben sich

das aktuelle berufliche Informationsverhalten

die angegebenen Mängel bei der aktuellen Informationsbeschaffung

die subjektiven Informationsbedürfnisse

die Erwartungen und Einstellungen zu einer juristischen Datenbank.

Die Gruppendiskussionen dienten der unmittelbaren anschaulichen Information und lieferten zudem Hypothesen und Fragestellungen, die später in normierten Interviews bei einem repräsentativen Sample von Juristen überprüft und quantifiziert werden konnten.

In enger Zusammenarbeit mit der Projektgruppe ‚Juristisches Informationssystem' wurde unter Berücksichtigung der Ergebnisse der Gruppendiskussionen ein Fragebogen entwickelt, der im November 1971 in 80 mündlichen Interviews getestet wurde. Anschließend wurde der Fragebogen, der aufgrund der Pretest-Ergebnisse und ausführlicher Diskussionen zwischen der Projektgruppe ‚Juristisches Informationssystem' und Infratest-Sozialforschung modifiziert worden war, für die Hauptuntersuchung verabschiedet.

Neben diesem Berichtsband wurde ein Tabellenband im Infratest-Text-Daco-System mit 500 Tabellen hergestellt[1].

---

[1] Der Tabellenband ist ebenfalls als DVR-Beiheft vorgesehen; Bestellungen können im Buchhandel oder beim J. Schweitzer Verlag, Berlin 30, aufgegeben werden.

Die Tabellennummern der dem Text entsprechenden Tabellen des Tabellenbandes sind in der Spalte neben dem Text angeführt.

Zusätzlich zur tabellarischen Auswertung wurden drei Typologien gerechnet, die Typen gleichen Suchverhaltens, gleicher aktueller Informationsbedürfnisse und gleicher Benutzerbedürfnisse für eine Datenbank zusammengefaßt haben.

Eine Forschungshypothese der vorliegenden Untersuchung war, daß die Chancen der Nutzung neuer beruflicher Informationssysteme in dem Maße sich vergrößern lassen, in dem diese Informationssysteme tradierten Formen des Arbeitsstils und der Arbeitspraxis ihrer potentiellen Nutzer entgegenkommen.

Im konkreten Fall: Eine ‚juristische Informationsdatenbank' vergrößert die Chancen ihrer Nutzung, je mehr sie bisher als ‚erfolgreich' beurteilte Verhaltensweisen der Juristen zu berücksichtigen vermag, je mehr ihre Beschaffenheit es erlaubt, erprobte ‚erfolgreiche' Arbeitsstile der Juristen beizubehalten und Mißerfolge, wie sie sich bei der bisherigen Informationsbeschaffung einstellen, zu vermeiden.

Im Rahmen der vorliegenden Studie erschien es daher erforderlich, Einstellung und Erwartungshaltung der Juristen gegenüber einer juristischen Datenbank vor dem Hintergrund

1. des gegenwärtigen (‚aktuellen') Informationsverhaltens der Juristen
2. der empfundenen Mängel bei der aktuellen Informationsbeschaffung
3. des geäußerten aktuellen Informationsbedarfs

zu untersuchen.

1 Zum aktuellen beruflichen Informationsverhalten der Juristen

Im einzelnen interessieren hier:

11 Welche Informationsquellen nutzen Juristen, um fachlich auf dem laufenden zu bleiben?

12 Welche Fachzeitschriften werden von den Juristen gelesen?

13 Welche Dokumentarten nutzen Juristen bei ihrer beruflichen Arbeit und woher beziehen sie diese?

14 Welche Suchpraxis entwickeln Juristen bei der beruflichen Informationssuche (Reihenfolge und Häufigkeit der Nutzung von Suchhilfen)

15 Die Nutzung eigener Informationssammlungen

16 Delegation der Informationssuche

17 Die Informationsbeschaffung unter zeitlichem Aspekt

18 Finanzielle Aufwendungen der Juristen für Fachliteratur

11 Welche Informationsquellen nutzen Juristen, um fachlich auf dem laufenden zu bleiben?

Ein wichtiges Gebiet der Informationsforschung ist die Untersuchung der Informationskanäle und Informationsquellen.

In der vorliegenden Untersuchung wurde eine Liste mit 17 möglichen Informationsquellen vorgelegt. Anhand einer Skala[2] sollten die Juristen beurteilen, wie wichtig die einzelnen Informationsquellen für sie persönlich sind, ‚um fachlich auf dem laufenden zu bleiben'. Tab. 20–25[3]

Den höchsten Skalenwert erreicht in diesem Zusammenhang die Fachzeitschrift: 64% aller Juristen, darunter fast alle Professoren (93%) halten sie für eine ‚sehr wichtige' Informationsquelle. Staatsanwälte setzen die Fachzeitschriften erst auf Platz 5. Bei ihnen stehen Kommentare auf Platz 1 der Prioritätenliste. Wichtigste Informationsquelle für die Verwaltungsjuristen sind Gesetzes- und Verordnungsblätter.

---

[2] Der Durchschnittswert errechnet sich aus den Nennungen innerhalb einer Skala von 0–5. Je näher der Durchschnittswert an 5 liegt, desto wichtiger ist die Informationsquelle für die Juristen, je näher der Durchschnittswert an 0 liegt, desto unwichtiger ist die Informationsquelle.

[3] Nummer der Tabelle im gesonderten Tabellenband.

Besonders starke Unterschiede in der Einstufung der einzelnen Informationsquellen ergeben sich zwischen den Hochschulangehörigen und Referendaren auf der einen Seite und den übrigen Juristen. Für die Studenten sind Repetitorien die wichtigste Informationsquelle, um fachlich auf dem laufendem zu bleiben. 90% der Studenten halten sie für sehr wichtig oder wichtig. Bei den Referendaren stehen Repetitorien noch an fünfter Stelle der Prioritätenliste. Alle anderen Juristen halten die Repetitorien für ihre eigene fachliche Informationsbeschaffung für völlig unwichtig. Professoren beurteilen sie nicht anders als die übrigen Juristen.

Eine ähnliche Meinungsdiskrepanz besteht auch in Bezug auf den Nutzen von Skripten als Informationsmittel. Für Studenten stehen sie an zweiter Stelle der Prioritätenliste, von den Professoren und Assistenten werden sie, wie von den übrigen Juristen, zu den unwichtigen Informationsquellen gezählt.

Auch bei der Beurteilung zweier anderer Informationsquellen, unterscheiden sich Teile der Hochschulangehörigen von den übrigen Juristen:

Der Informationswert von Lehrbüchern und Monographien wird von den Professoren und Assistenten höher eingeschätzt als von den übrigen Juristen. Studenten und Referendare hingegen schätzen Lehrbücher und Monographien etwa gleichermaßen unwichtig ein, wie Richter und Rechtsanwälte.

Einige der im Interview vorgegebenen Informationsquellen sind so stark mit der formalen Organisation verbunden, in der die Juristen arbeiten, daß sich schon daraus eine unterschiedliche Beurteilung ergibt: Behördliche Umläufe werden von Staatsanwälten und Verwaltungsjuristen, Dienstbesprechungen von Staatsanwälten, Verwaltungsjuristen und Juristen im Angestelltenverhältnis für wichtiger gehalten als von den übrigen Juristen. Der Informationswert von Vorträgen, die z. B. von Berufsverbänden zur Weiterbildung veranstaltet werden, wird, wie bereits Gruppendiskussionen vor der Durchführung der Umfrage gezeigt haben, von Steuerberatern und Wirtschaftsprüfern überdurchschnittlich hoch eingeschätzt.

Eine unterschiedliche Beurteilung einzelner Informationsquellen, um fachlich auf dem laufendem zu bleiben, zeigt sich nicht nur bei einzelnen Berufsgruppen; die Beurteilung der Informationsquellen erweist sich teilweise auch als abhängig von

dem Alter der Juristen

ihrem Arbeitsplatz

ihrem unterschiedlich starken Informationsbedarf, um fachlich auf dem laufenden zu bleiben

ihrer Priorität für schnelle oder ausführliche Informationen

Bedeutung unterschiedlicher Informationsquellen, um fachlich auf dem laufenden zu bleiben

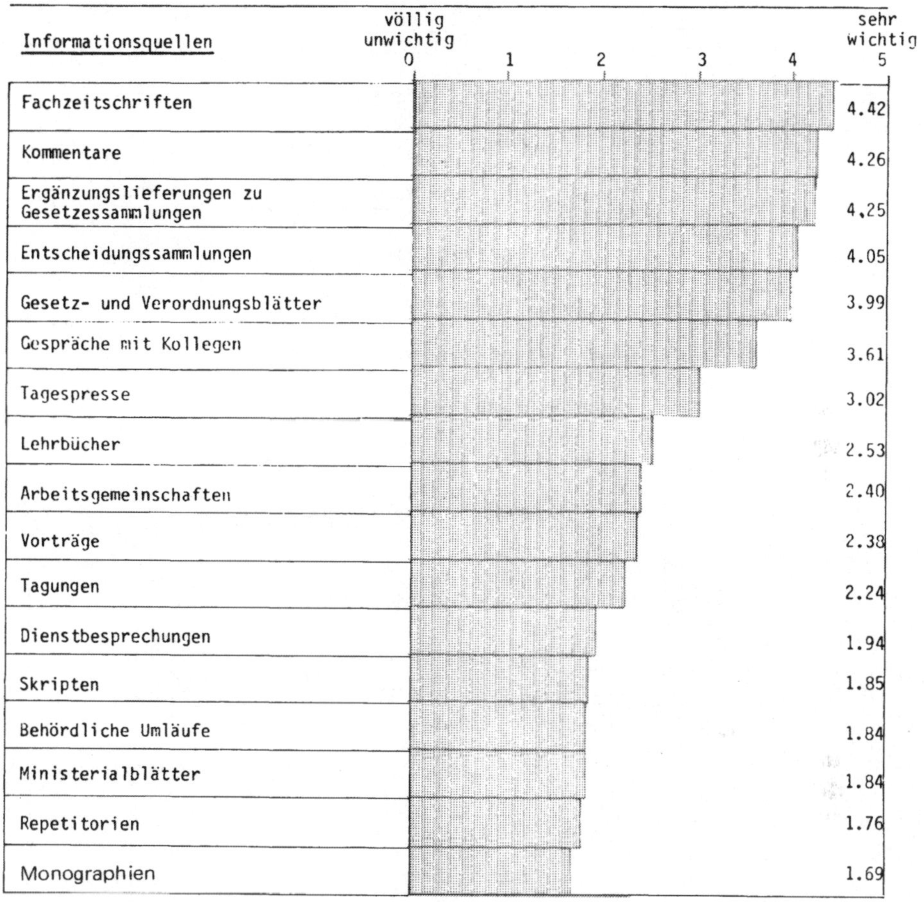

der Zufriedenheit mit den Ergebnissen ihrer Suchpraxis nach relevanten Dokumenten

der Spezialisierung auf einzelne Rechtsgebiete

dem Anteil der routinemäßigen und der problemorientierten Informationen an ihrem gesamten Informationsbezug

und ihrem habitualisierten Suchverhalten.

Fachzeitschriften

Der Nutzwert der Fachzeitschriften ändert sich für Richter und Staatsanwälte mit dem Arbeitsplatz. In Landgerichten und höheren Instanzen werden Fachzeitschriften für wichtiger gehalten als in Amtsgerichten, in besonderen Gerichten für wichtiger als in Landgerichten. Tab. 26

Rangfolge der Informationsquellen, um fachlich auf dem laufenden zu bleiben:

Informationsquelle	Durchschnittswert	Gesamt	Berufsgruppen 1.	2.	3.	4.	5.	6.	7.	8.	9.	10.	11.
Fachzeitschriften	4,42	1	1	5	3	1	1	1	1	1	5	1	1
Kommentare	4,26	2	2	1	4	2	4	3	5	3	3	2	3
Ergänzungslieferungen zu Gesetzessammlungen	4,25	3	3	2	2	3	3	4	6	7	7	3	2
Entscheidungssammlungen	4,05	4	4	4	5	4	5	5	3	2	4	4	5
Gesetz- und Verordnungsblätter	3,99	5	5	3	1	5	2	2	7	8	11	7	4
Gespräche mit Kollegen	3,61	6	6	6	6	6	6	6	8	6	6	6	6
Tagespresse	3,02	7	9	11	10	7	9	7	9	9	10	10	7
Lehrbücher	2,53	8	8	13	13	10	12	12	2	4	8	11	12
Arbeitsgemeinschaften	2,40	9	15	14	14	13	10	10	14	13	9	9	11
Vorträge	2,38	10	12	12	12	9	7	8	11	11	13	14	10
Tagungen	2,24	11	7	9	11	8	8	9	10	10	14	15	9
Dienstbesprechungen	1,94	12	13	8	8	15	13	11	16	12	17	12	8
Skripten	1,85	13	16	16	16	16	17	16	15	16	2	8	16
Behördliche Umläufe	1,84	14	10	7	7	14	11	13	13	17	16	17	14
Ministerialblätter	1,84	14	10	10	9	11	14	14	12	15	15	16	13
Repetitorien	1,76	16	17	17	17	17	16	17	17	14	1	5	17
Monographien	1,69	17	14	15	15	12	15	15	4	5	12	13	15

Berufsgruppen

1. Richter
2. Staatsanwalt
3. Verwaltungsjurist
4. Rechtsanwalt
5. Steuerberater
6. Wirtschaftsprüfer
7. Professor
8. Assistent
9. Student
10. Referendar
11. Jurist im Angestelltenverhältnis

Bei gleichen Durchschnittswerten wurde der gleiche Rangplatz zugeordnet.

Die Beurteilung der Informationsquellen ist auch im besonderen Maße davon abhängig, wie die Juristen ihren eigenen Informationsbedarf, um fachlich auf dem laufenden zu bleiben, einschätzen:

Je stärker der eigene Informationsbedarf beurteilt wird, um so wichtiger ist die Nutzung der Fachzeitschriften.

Informationsbedarf von Juristen, um fachlich auf dem laufenden zu bleiben	Beurteilung der Fachzeitschriften (Durchschnittswert)
sehr stark	4,69
stark	4,44
mittel/weniger	3,95

Tab. 38

Juristen, die immer optimale oder meistens optimale Informationen bei der Suche nach juristisch relevanten Informationen erhalten, halten Fachzeitschriften für wichtiger als Juristen, die mit den erhaltenen Informationen weniger zufrieden sind. Besondere Bedeutung haben Fachzeitschriften auch für Juristen, die eher auf schnelle als auf ausführliche Informationen angewiesen sind. Tab. 44 Tab. 50

Kommentare

Je stärker der eigene Informationsbedarf eingeschätzt wird, für so wichtiger wird die Nutzung von Kommentaren gehalten. Kommentare werden auch von den Juristen höher eingeschätzt, die überwiegend problemorientierte Informationen benötigen, als von den Juristen, die überwiegend Routine-Informationen für ihre Arbeit benötigen. Tab. 38 Tab. 38

Ergänzungslieferungen zu Gesetzessammlungen

Die Stärke des eigenen Informationsbedarfs beeinflußt die Beurteilung dieser Informationsquelle: Je höher der eigene Informationsbedarf eingeschätzt wird, desto wichtiger erscheinen Ergänzungslieferungen zu Gesetzessammlungen. Diese Informationsquelle wird von Juristen, die überwiegend Routine-Information benötigen, für wichtiger gehalten als von den Juristen, die überwiegend problemorientierte Informationen benötigen. Tab. 39 Tab. 39

Entscheidungssammlungen

Juristen an besonderen Gerichten halten Entscheidungssammlungen für wichtiger als ihre Kollegen in Landgerichten und höheren Instanzen, diese wiederum halten sie für wichtiger als ihre Kollegen in Amtsgerichten. Größere Bedeutung wird den Entscheidungssammlungen auch eher von Rechtsanwälten, Steuerberatern und Wirtschaftsprüfern in großen Kanzleien zugemessen als von ihren Kollegen in kleineren Anwaltskanzleien. Tab. 28

Für die Arbeit der Ministerialbürokratie haben Entscheidungssammlungen nicht die Bedeutung, die sie für die übrigen Juristen besitzen. Sie sind aber vor allem für die Juristen wichtig, die sich überwiegend mit

neuen Fällen beschäftigen, als für Juristen, die überwiegend Wiederholungsfälle bearbeiten. Juristen mit sehr starkem Informationsbedarf, um fachlich auf dem laufenden zu bleiben, betonen den Nutzen von Entscheidungssammlungen stärker als Juristen mit weniger starkem
Tab. 40 Informationsbedarf.

Gesetzes- und Verordnungsblätter

Gesetzes- und Verordnungsblätter scheinen den fachlichen Informationsbedarf der Steuer- und Versicherungsrechtler besonders gut abzudecken. 72% halten die Gesetzes- und Verordnungsblätter für sehr wichtig, um fachlich auf dem laufenden zu bleiben (Juristen insgesamt
Tab. 33 55%).

Sie sind auch besonders wichtig für Juristen, die in ihrer Arbeit schnelle Informationen benötigen und für Juristen, die im Laufe der Zeit eine eigene Suchpraxis bei der Beschaffung fachlicher Informa-
Tab. 51 tionen entwickelt haben.

Schließlich ist die Beurteilung von Gesetzes- und Verordnungsblätter auch abhängig vom Alter:

Für die älteren Juristen scheint die Benutzung der Gesetzes- und Verordnungsblätter beruflich wichtiger zu sein als für die jüngeren Juristen. Dabei muß man allerdings beachten, daß die erste Altersgruppe hauptsächlich aus Studenten besteht, die die Gesetzes- und Verordnungsblätter als unwichtig eingestuft haben (Durchschnittswert 1,99).

Alter	Beurteilung der Gesetzes- und Verordnungsblätter (Durchschnittswert)
bis 29 Jahre	3,14
30 bis 39 Jahre	4,28
40 bis 49 Jahre	4,36
50 Jahre und älter	4,58

Gespräche mit Kollegen

Gespräche mit Kollegen werden von Juristen in Landgerichten und höheren Instanzen für wichtiger gehalten als von ihren Kollegen in Amtsgerichten. Juristen, die sehr oft, oft oder manchmal über Fehlschläge bei der Informationssuche zu klagen haben, halten Gespräche mit Kollegen für wichtiger, als die Juristen, die nie Fehlschläge in der
Tab. 31 Informationssuche erleben.

Tagespresse

Die Nutzung der Tagespresse wird von Verwaltungsjuristen in Ministerien und Körperschaften des öffentlichen Rechts und von Juristen, die überwiegend neue Fälle bearbeiten, für besonders wichtig gehalten. Tab. 29 Tab. 41 Tab. 59

Lehrbücher

Lehrbücher beurteilen vor allem Juristen, die überwiegend problemorientierte Informationen benötigen, positiver als Juristen, die überwiegend Routine-Informationen benötigen. Sie sind auch für die Juristen besonders wichtig, die an diffizilen juristischen Problemlösungen arbeiten und deshalb auf Vollständigkeit des Materials Wert legen. Tab. 38 Tab. 50

Juristen mit überwiegendem Bedarf an	Beurteilung von Lehrbüchern (Durchschnittswert)
schnellen Informationen	2,18
ausführlichen Informationen	3,02

12 Die Nutzung von Fachzeitschriften durch Juristen

Bei der großen Zahl von juristischen Fachzeitschriften in der Bundesrepublik ist die Tatsache, daß Fachzeitschriften von den Juristen als die wichtigste Informationsquelle, um fachlich auf dem laufenden zu bleiben, angesehen werden[4], alleine noch nicht aussagekräftig. Deshalb wurde im Rahmen der vorliegenden Studie auch untersucht, in welchem Maße die 30 auflagestärksten juristischen Fachzeitschriften in der Bundesrepublik von den Juristen auch wirklich gelesen und genutzt werden. Allerdings mußte aus Zeit- und Kostengründen auf eine ausführliche Medienreichweiten-Untersuchung verzichtet werden. Unberücksichtigt blieben z.B. die unterschiedlichen Erscheinungsintervalle der Fachzeitschriften.

Die Rangziffern, die für die einzelnen Fachzeitschriften berechnet wurden und die einen Durchschnittswert der Lesefrequenz darstellen, zeigen jedoch die unterschiedliche Bedeutung einzelner Zeitschriften für Teilgruppen von Juristen.

Forschungshypothese war, daß bevorzugte (häufig gelesene) Fachzeitschriften auch Anhaltspunkte für ein benutzerfreundliches juristisches Informationssystem liefern können.

---

[4] Vgl. Seite 5.

Die 15 am häufigsten gelesenen juristischen Fachzeitschriften in der BRD*):

	Fachzeitschrift	Rangziffer**)
	NJW, München	2,07
	Betriebsberater, Heidelberg	1,21
	MDR, Hamburg	1,14
	Der Betrieb, Düsseldorf	0,93
	Deutsches Verwaltungsblatt, Köln	0,87
	Juristische Arbeitsblätter, Berlin	0,66
	Juristen-Zeitung, Tübingen	0,66
	Deutsche Rechtsprechung	0,61
	Deutsches Steuerrecht, München	0,58
	Deutsche Richterzeitung, Köln	0,55
	Deutsches Autorecht, München	0,34
	Verkehrsrechtliche Mitteilungen, Bonn	0,34
	Zeitschrift für das gesamte Familienrecht, Gadderbaum	0,33
Tab. 109	IUS	0,32
Tab. 110	Juristische Praxis, Darmstadt	0,31

*) Nur regionalverbreitete Fachzeitschriften wurden nicht erfaßt.
**) Berechnung der Rangziffer: Lesehäufigkeit, regelmäßig = 3, gelegentlich = 2, selten = 1, nie = 0, nicht in der Hand gehabt = 0.

Die NJW, München wird von 58% der Juristen regelmäßig, von 16% gelegentlich gelesen. Der Betriebsberater, Heidelberg wird von 25% regelmäßig, von 19% gelegentlich und von 8% selten gelesen, während die an 15. Stelle stehende Juristische Praxis, Darmstadt von 5% regelmäßig, von 5% gelegentlich und von 4% der Juristen selten gelesen wird.

Die fünf von Richtern am häufigsten gelesenen Fachzeitschriften:

	Fachzeitschriften	Rangziffer
	NJW, München	2,77
	Deutsche Richterzeitung, Köln	2,15
	MDR, Hamburg	1,68
Tab. 111	Deutsches Autorecht, München	1,23
Tab. 112	Verkehrsrechtliche Mitteilungen, Bonn	1,22

Die fünf von Staatsanwälten am häufigsten gelesenen Fachzeitschriften:

Fachzeitschriften	Rangziffer	
NJW, München	2,63	
Deutsche Richterzeitung, Köln	2,10	
Verkehrsrechtliche Mitteilungen, Bonn	1,48	
MDR, Hamburg	1,45	Tab. 113
Blutalkohol, Hamburg	1,17	Tab. 114

Die fünf von Verwaltungsjuristen am häufigsten gelesenen Fachzeitschriften:

Fachzeitschriften	Rangziffer	
NJW, München	2,45	
Deutsches Verwaltungsblatt, Köln	1,95	
MDR, Hamburg	1,17	
Betriebsberater, Heidelberg	1,08	Tab. 115
Bundesbaublatt, Wiesbaden	0,71	Tab. 116

Die fünf von Rechtsanwälten am häufigsten gelesenen Fachzeitschriften:

Fachzeitschriften	Rangziffer	
NJW, München	2,57	
MDR, Hamburg	1,37	
Deutsches Autorecht, München	1,32	
Deutsche Rechtsprechung	1,29	Tab. 117
Betriebsberater, Heidelberg	1,21	Tab. 118

Die fünf von Steuerberatern am häufigsten gelesenen Fachzeitschriften:

Fachzeitschriften	Rangziffer	
Deutsches Steuerrecht, München	2,09	
Betriebsberater, Heidelberg	1,59	
Der Betrieb, Düsseldorf	1,55	
GmbH-Rundschau, Köln	0,81	Tab. 119
Neue Wirtschaftsbriefe	0,79	Tab. 120

Die fünf von Wirtschaftsprüfern am häufigsten gelesenen Fachzeitschriften:

	Fachzeitschriften	Rangziffer
	Der Betrieb, Düsseldorf	2,51
	Betriebsberater, Heidelberg	2,46
	GmbH-Rundschau, Köln	1,64
Tab. 121	Deutsches Steuerrecht, München	1,49
Tab. 122	Neue Wirtschaftsbriefe	0,57

Die fünf von Professoren am häufigsten gelesenen Fachzeitschriften:

	Fachzeitschriften	Rangziffer
	NJW, München	2,59
	Juristen-Zeitung, Tübingen	1,89
	Juristische Arbeitsblätter, Berlin	1,70
Tab. 123	Betriebsberater, Heidelberg	1,60
Tab. 124	MDR, Hamburg	1,51

Die fünf von Assistenten am häufigsten gelesenen Fachzeitschriften:

	Fachzeitschriften	Rangziffer
	NJW, München	2,84
	MDR, Hamburg	1,98
	Juristische Arbeitsblätter, Berlin	1,86
Tab. 125	Betriebsberater, Heidelberg	1,75
Tab. 126	Juristen-Zeitung, Tübingen	1,73

Die fünf von Studenten am häufigsten gelesenen Fachzeitschriften:

	Fachzeitschriften	Rangziffer
	NJW, München	2,14
	Juristische Arbeitsblätter, Berlin	1,88
	MDR, Hamburg	1,46
Tab. 127	IUS	1,06
Tab. 128	Deutsches Verwaltungsblatt, Köln	1,05

Die fünf von Referendaren am häufigsten gelesenen Fachzeitschriften:

Fachzeitschriften	Rangziffer
NJW, München	2,61
MDR, Hamburg	1,59
Juristische Arbeitsblätter, Berlin	1,54
Betriebsberater, Heidelberg	1,18
Deutsches Verwaltungsblatt, Köln	1,15

Tab. 129
Tab. 130

Die fünf von Juristen im Angestelltenverhältnis am häufigsten gelesenen Fachzeitschriften:

Fachzeitschriften	Rangziffer
NJW, München	2,44
Betriebsberater, Heidelberg	2,37
Der Betrieb, Düsseldorf	1,87
MDR, Hamburg	0,98
Sammlung arbeitsrechtlicher Entscheidungen, Düsseldorf	0,83

Tab. 131
Tab. 132

13 Bedeutung und Bezugsort unterschiedlicher Informationsquellen (Dokumentarten) für die berufliche Arbeit

Im Interview wurde den Juristen eine Liste mit 11 verschiedenen Dokumentarten vorgelegt, die für ihre Arbeit von Bedeutung sein konnten. Anhand einer Skala sollten sie die Dokumentarten nach der Wichtigkeit für ihre jeweilige problemorientierte Arbeit einstufen[5]. Einige der Vorgaben waren identisch mit den Informationsquellen, die im Interview schon nach ihrer Bedeutung für die laufende fachliche Information eingestuft worden waren[6].

Mit Abstand werden von den Juristen Gesetze als die wichtigste Dokumentart für die berufliche Arbeit angegeben. Nur die Professoren und Assistenten halten wissenschaftliche Aufsätze in Fachzeitschriften

---

[5] Der Durchschnittswert errechnet sich aus den Nennungen innerhalb einer Skala von 0–5. Je näher ein Durchschnittswert an 5 liegt, desto wichtiger ist er für die Befragten, je näher ein Durchschnittswert an 0 liegt, desto unwichtiger ist er.

[6] Vgl. Textziffer 11.

Bedeutung unterschiedlicher Dokumentarten für die aktuelle Arbeit

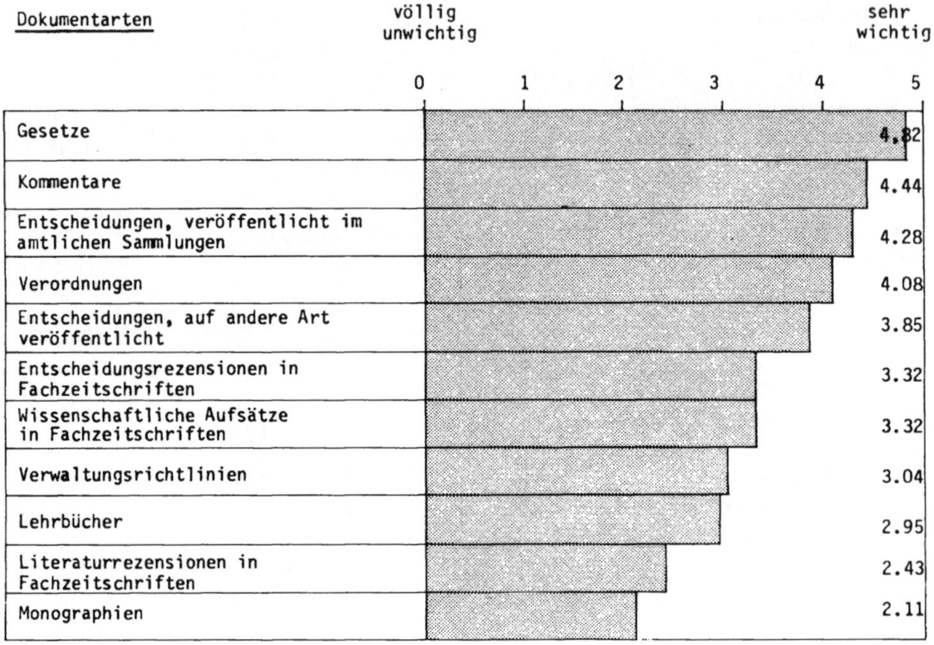

Tab. 92

Beurteilung von ausgewählten Dokumentarten in Abhängigkeit vom Alter der Juristen

	bis 29 Jahre	30–39 Jahre	40–49 Jahre	50 Jahre u. älter
Verordnungen	3,37*)	4,24	4,48	4,60
Verwaltungsrichtlinien	2,08	3,17	3,70	3,76

*) Der Durchschnittswert errechnet sich aus den Nennungen innerhalb einer Skala von 0–5. Je näher der Durchschnittswert an 5 liegt, desto wichtiger ist die Informationsquelle für die Juristen, je näher er an 0 liegt, desto unwichtiger ist die Informationsquelle.

Bedeutung von Informationsquellen (Dokumentarten) für die aktuelle Arbeit

Dokumentarten	Durch- +) schnitts- wert	Gesamt	Berufsgruppen 1.	2.	3.	4.	5.	6.	7.	8.	9.	10.	11.
Gesetze	4,82	1	1	1	1	1	1	1	2	2	1	1	1
Kommentare	4,44	2	2	2	4	2	5	4	6	4	2	2	2
Entscheidungen, veröffentlicht in amtlichen Sammlungen	4,28	3	3	3	5	3	4	3	2	1	3	3	5
Verordnungen	4,08	4	5	4	2	4	2	2	9	9	8	5	4
Entscheidungen, auf andere Art veröffentlicht	3,85	5	4	5	6	5	6	6	7	5	5	4	3
Entscheidungsrezensionen in Fachzeitschriften	3,32	6	7	7	8	6	8	7	8	8	6	7	6
Wissenschaftliche Aufsätze in Fachzeitschriften	3,32	6	6	8	7	7	7	8	1	3	7	7	7
Verwaltungsrichtlinien	3,04	8	9	6	3	8	3	5	11	11	11	9	8
Lehrbücher	2,95	9	8	9	9	9	10	10	2	6	4	6	9
Literaturrezensionen in Fachzeitschriften	2,43	10	11	10	10	10	9	9	10	10	9	11	10
Monographien	2,11	11	10	11	11	11	11	11	5	7	10	10	11

Berufsgruppen

1. Richter
2. Staatswalt
3. Verwaltungsjurist
4. Rechtsanwalt
5. Steuerberater
6. Wirtschaftsprüfer
7. Professor
8. Assistent
9. Student
10. Referendar
11. Jurist im Angestelltenverhältnis

Bei gleichen Durchschnittswerten wurde der gleich Rangplatz zugeordnet.

+) Durchschnittswertberechnung: 0 = völlig unwichtig; 5 = sehr wichtig bzw. Entscheidungen, die in amtlichen Sammlungen veröffentlicht wurden, für etwas wichtiger[7].

Verordnungen und Verwaltungsrichtlinien wurden von einzelnen Teilgruppen sehr unterschiedlich hinsichtlich der Bedeutung für die eigene berufliche Arbeit gesehen: Verwaltungsjuristen, Steuerberater und Wirtschaftsprüfer halten sie für wichtiger als die übrigen Juristen. Hochschulangehörige betrachten sie als relativ unwichtig.

Den Informationswert von Monographien für die konkrete berufliche Arbeit betonen, ebenso wie ihren Nutzen für die laufende Information (current-awareness-Information), nur ein Teil der Hochschulangehörigen: die Professoren und Assistenten.

Die Spezialisierung auf ein bestimmtes Rechtsgebiet scheint keinen Einfluß auf die Bedeutung einzelner Dokumentarten für die Arbeit zu haben. Lediglich Verordnungen werden von Staatsrechtlern, Steuer- und Versicherungsrechtlern hinsichtlich des Informationswerts höher
Tab. 88 eingeschätzt als von den übrigen Juristen.

Juristen, die in ihrem Beruf häufig kurzfristig Entscheidungen zu treffen haben und die deshalb vor allem an schnellen Informationen interessiert sind, halten für ihre Arbeit Verordnungen und Verwaltungsrichtlinien für wichtiger als Juristen, die an diffizilen Problemlösungen arbeiten, für die sie längere Zeit zur Verfügung haben und für die deshalb die Vollständigkeit des einschlägigen Materials wichtig ist. Sie halten Entscheidungen, Beiträge in Fachzeitschriften, Monographien
Tab. 91 und Lehrbücher für besonders wichtig.

Verordnungen und Verwaltungsrichtlinien werden auch von den älteren Juristen mit langjähriger Berufspraxis für bedeutender gehalten als von den jüngeren Juristen, die sich noch in der Ausbildung befinden oder auf eine nicht zu lange Berufspraxis zurückblicken können.

Typologisierung[8] der Bedeutung verschiedener Informationsquellen (Dokumentarten)

In der Analyse der erhobenen Daten durch Typologisierungsprogramme sollen Teilgruppen mit gleichen Informationsbedürfnissen gefunden werden. Dabei sollen die Bedürfnisse innerhalb jeder Teilgruppe möglichst homogen, zwischen den Teilgruppen möglichst unterschiedlich sein.

Die Typologisierung der Informationsbedürfnisse sollen die Leistungsfähigkeit einer Datenbank verbessern helfen, da nicht alle Benutzer-

---

7 Die befragten Juristen wurden zusätzlich gebeten, sonstige Dokumentarten anzugeben und nach ihrer Bedeutung einzustufen. Als häufigste sonstige Dokumentart wurden von den Befragten Fachgespräche angegeben.

8 Ausführliche Methodenbeschreibung im Anhang (Textziffer 531).

wünsche von einem Informationssystem erfüllt werden können, und die Beschränkung auf die allen Benutzern gemeinsamen Wünsche nur einen geringen Teil der subjektiven Informationsbedürfnisse abdeckt. Auswege werden gesehen, , . . . indem man Benutzerinstanzen mit wenig verschiedenen Leitbildern zusammenfaßt und für jede dieser Gruppierungen getrennte Informationssysteme oder zumindest getrennte Datenbanken schafft. Ein stattdessen oft begangener Weg ist, ein solches System an einigen wenigen Instanzen auszurichten und damit den restlichen Instanzen gegenüber geringes Wohlverhalten zu zeigen'[9].

Als aktive Variable zur Typenbildung wurden elf verschiedene Dokumentarten und deren Bedeutung für das aktuelle Informationsverhalten eingegeben.

Als passive Variable wurden für die in der gewählten Interpretationsebene gebildeten acht Typen alle Teilgruppen[10] ausgezählt, die auch in der tabellarischen Auswertung untersucht worden waren.

Die einzelnen Typen umfassen zwischen 6% und 21% der Juristen:

Typ 1	6%
Typ 2	9%
Typ 3	16%
Typ 4	17%
Typ 5	10%
Typ 6	13%
Typ 7	9%
Typ 8	21%

Am stärksten waren an der Bildung der Typen die aktiven Variablen ‚Literaturrezensionen in Fachzeitschriften', ‚wissenschaftliche Aufsätze in Fachzeitschriften', ‚Entscheidungsrezensionen in Fachzeitschriften' und ‚Entscheidung, veröffentlicht in amtlichen Sammlungen' beteiligt.

Zu Typen wurden die Juristen zusammengefaßt, die die elf vorgegebenen Dokumentarten gleich beurteilen.

Unterschiede zwischen den einzelnen Typen bestehen nicht in einer unterschiedlichen Rangfolge der vorgegebenen Dokumentarten, sondern in der Stärke der Bedeutung, die diese Informationsquellen für die Juristen der einzelnen Typen haben. Für die Juristen des *Typs 1* sind nur Gesetze, Verordnungen, Kommentare, Entscheidungen, die in amtlichen Sammlungen veröffentlicht wurden, Verwaltungsrichtlinien

[9] Das juristische Informationssystem, Bericht der Projektgruppe BMJ/GMD/CEIR, Januar 1972, Seite 33.

[10] Beschreibung der untersuchten Teilgruppen im Anhang (Textziffer 52).

und Entscheidungen, die auf andere Art veröffentlicht wurden, von Bedeutung, während für die Juristen des *Typs 8* alle vorgegebenen elf Informationsarten wichtig sind.

Entscheidungen, die in amtlichen Sammlungen veröffentlicht wurden, stehen für den *Typ 7* erst an achter Stelle der Prioritätenliste, während wissenschaftliche Aufsätze in Fachzeitschriften für den *Typ 7* schon an dritter Stelle stehen. Verordnungen werden von den Juristen des *Typs 8* nicht so hoch eingestuft wie von den Juristen der anderen Typen. Entscheidungsrezensionen in Fachzeitschriften, die für den Durchschnitt aller Juristen an sechster Stelle der Prioritätenliste stehen, stehen für die Juristen des *Typs 1* an vorletzter Stelle.

Bedeutung verschiedener Informationsquellen (Dokumentarten) für die Arbeit des Juristen

	Gesamt	Typ 1	2	3	4	5	6	7	8
Gesetze	4,82	4,23	4,80	4,68	4,89	4,69	4,94	4,63	4,92
Kommentare	4,44	3,45	4,31	4,37	4,65	4,10	4,49	4,36	4,67
Entscheidungen, veröffentlicht in amtlichen Sammlungen	4,28	3,03	3,93	3,43	5,00	3,33	5,00	3,47	5,00
Verordnungen	4,08	3,70	4,00	3,61	4,14	3,96	4,28	3,82	3,37
Entscheidungen, auf andere Art veröffentlicht	3,85	2,62	3,53	3,32	4,20	3,32	4,18	3,60	4,39
Entscheidungsrezensionen in Fachzeitschriften	3,32	0,48	2,79	2,83	3,08	3,37	3,60	3,85	4,26
Wissenschaftliche Aufsätze in Fachzeitschriften	3,32	0,67	1,57	3,50	3,79	2,62	2,73	4,27	4,44
Verwaltungsrichtlinien	3,04	2,70	3,07	2,64	2,70	3,11	3,23	3,02	3,28
Lehrbücher	2,95	1,59	2,72	2,87	2,87	2,89	2,73	3,34	3,49
Literaturrezensionen in Fachzeitschriften	2,43	0,37	1,31	1,17	1,17	3,30	3,34	3,65	3,83
Monographien	2,11	0,60	1,15	1,90	2,08	2,04	1,99	2,46	2,88

Durchschnittswertberechnung:

0 = völlig unwichtig

5 = sehr wichtig

Bedeutung verschiedener Informationsquellen (Dokumentarten) für die Arbeit des Juristen

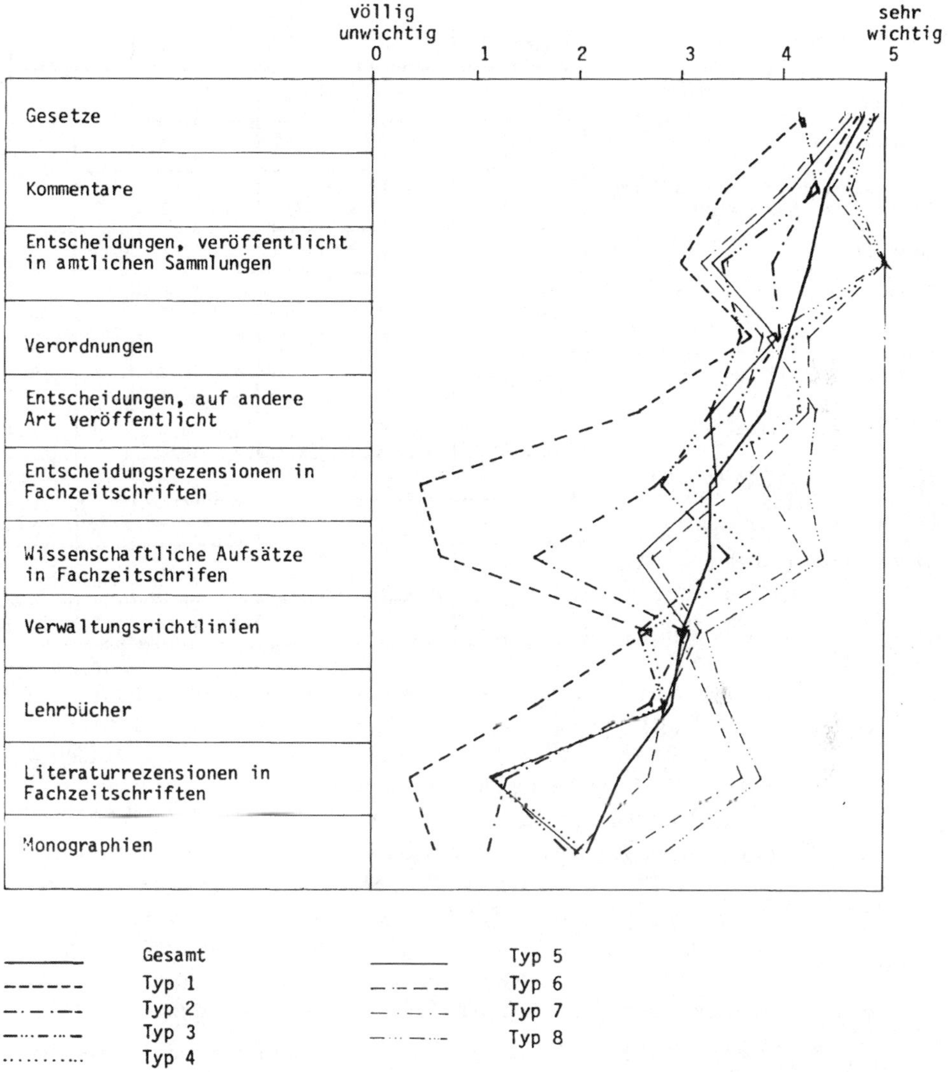

Reihenfolge der Bedeutung verschiedener Informationsquellen (Dokumentarten) für die Arbeit des Juristen

	Gesamt	Typ 1	2	3	4	5	6	7	8
Gesetze	1	1	1	1	2	1	2	1	2
Kommentare	2	3	2	2	3	2	3	2	3
Entscheidungen, veröffentlicht in amtlichen Sammlungen	3	4	4	5	1	5	1	8	1
Verordnungen	4	2	3	3	5	3	4	5	9
Entscheidunge, auf andere Art veröffentlicht	5	6	5	6	4	6	5	7	5
Entscheidungsrezensionen in Fachzeitschriften	6	10	7	8	7	4	6	4	6
Wissenschaftliche Aufsätze in Fachzeitschriften	7	8	9	4	6	10	9	3	4
Verwaltungsrichtlinien	8	5	6	9	9	8	8	10	10
Lehrbücher	9	7	8	7	8	9	9	9	8
Literaturrezensionen in Fachzeitschriften	10	11	10	11	11	7	7	6	7
Monographien	11	9	11	10	10	11	11	11	11

Im *Typ 1* befinden sich überdurchschnittlich viele Rechtsanwälte 31% (14%)[11] und Verwaltungsjuristen 20% (5%). Besonders stark sind die 30- bis 39jährigen 47% (15%) und die Juristen, die in Gemeinden mit 50 000 bis 100 000 Einwohnern arbeiten 15% (6%) vertreten. Sie bearbeiten etwas häufiger Wiederholungsfälle, 30% (7%) und 50% (14%) benötigen für ihre berufliche Arbeit überwiegend Routineinformationen. 28% (7%) erhalten weniger als 60% der gesuchten Informationen und 31% (8%) halten die Ergebnisse ihrer derzeitigen Suchpraxis für weniger optimal. 28% (8%) haben allerdings keine spezifische Suchpraxis entwickelt. Besonders stark ist der Anteil der Juristen, die überwiegend schnelle Informationen benötigen 58% (9%).

Überdurchschnittlich hoch ist auch im *Typ 2* der Anteil der Rechtsanwälte 28% (11%) und der Verwaltungsjuristen 24% (9%). Durch den hohen Anteil der Verwaltungsjuristen ist auch der Anteil der Staats- und Verwaltungsrechtler auf 20% (7%) gestiegen. Auch in diesem Typ ist die Altersgruppe der 30- bis 39jährigen stärker vertreten 40% (8%). 66% (17%) sind auf schnelle Informationen angewiesen. 28% (7%)

[11] Die Angaben in der Klammer beschreiben die positive Abweichung vom Merkmalsmittelwert für alle Juristen.

erhalten weniger als 60% der Informationen, die sie gesucht haben und 35% (5%) erhalten sehr oft, oft oder manchmal notwendige aktuelle Informationen zur Beurteilung der Rechtslage zu spät oder überhaupt nicht.

Im *Typ 3* sind Rechtsanwälte 25% (8%) und Studenten 26% (4%) etwa gleich stark vertreten. Der Anteil der Juristen, die in Gemeinden mit 500 000 Einwohnern und mehr leben, steigt in diesem Typ auf 55% (11%) an. Der Anteil der Studenten beeinflußt auch in diesem Typ das Durchschnittsalter, 36% (4%) sind jünger als 30 Jahre. In der Beurteilung des aktuellen Informationsverhaltens unterscheiden sich die Juristen dieses Typs vom Durchschnitt der Befragten nur dadurch, daß sie ihren Informationsbedarf, um fachlich auf dem laufenden zu bleiben, häufiger als gering einschätzen 30% (6%) und etwas häufiger Routineinformationen benötigen 40% (4%). Durch den hohen Anteil der Hochschulangehörigen steigt in diesem Typ die Zahl der Juristen, die die Gefahr einer Manipulation durch eine juristische Datenbank sehen 20% (4%).

In *Typ 4* ist der Anteil der Richter 15% (6%), der Referendare 13% (4%) und der Juristen, die in Gemeinden mit 300 000 bis 500 000 Einwohnern arbeiten 31% (5%) etwas größer. 37% (5%) sind zwischen 30 und 39 Jahre alt, 36% (7%) stammen aus Nordrhein-Westfalen. Überdurchschnittlich stark ist der Anteil der Juristen mit sehr starkem Informationsbedarf, um fachlich auf dem laufenden zu bleiben 45% (6%) und der Juristen, die überwiegend ausführliche Informationen benötigen 38% (4%). Die Kenntnis von der Errichtung einer juristischen Datenbank ist bei den Juristen dieses Typs besonders stark verbreitet 88% (4%).

25% (8%) der dem *Typ 5* zugeordneten Juristen sind als Steuerberater tätig, ein großer Teil hat sich nicht oder noch nicht spezialisiert 54% (6%). Die Juristen aus Bayern sind hier etwas stärker vertreten als in den anderen Typen 21% (7%). 31% (8%) bearbeiten in ihrer beruflichen Praxis Wiederholungsfälle und 40% (4%) benötigen häufiger Routineinformationen als problemorientierte fallbezogene Informationen. In diesem Typ sind vor allem die Juristen zusammengefaßt worden, die mit ihrer jetzigen Informationspraxis besonders zufrieden sind, 41% (10%) erleben nie Fehlschläge in der Informationssuche, 25% (9%) beurteilen die Informationen, die sie in ihrer jetzigen Suchpraxis erhalten als immer optimal, und 31% (11%) behaupten, mehr als 80% der gesuchten Informationen auch wirklich zu erhalten. Besonders stark sind in diesem Typ allerdings auch die Juristen vertreten, die ihren Informationsbedarf als relativ gering einschätzen 35% (11%). Ausdruck der Zufriedenheit mit dem jetzigen Informationsverhalten ist auch der hohe Anteil der Juristen, die die Informationen aus einer juristischen Datenbank nicht für besser halten 28% (8%).

Mit 22% (5%) liegt auch der Anteil der Steuerberater in dem *Typ 6* überdurchschnittlich hoch. Mehr als die Hälfte der Juristen dieses Typs hat sich spezialisiert 55% (7%). Besonders stark ist der Anteil der älteren Juristen. 24% (6%) sind zwischen 40 und 49 Jahre alt, 22% (3%) sind älter als 50 Jahre.

In ihrem Informationsbedarf unterscheiden sich die Juristen dieses Typs dadurch, daß sie in ihrer beruflichen Praxis etwas häufiger neue Fälle bearbeiten 12% (4%) und sehr oft, oft oder manchmal notwendige Informationen zu spät oder überhaupt nicht erhalten 34% (4%). Der hohe Anteil der Juristen, die Fehlschläge in der Informationssuche hinnehmen müssen, macht sich auch bei der Beurteilung einer juristischen Datenbank bemerkbar. 84% (6%) halten Informationen aus einer Datenbank für besser, als die Informationen ihrer derzeitigen Suchpraxis.

Im *Typ 7* steigt der Anteil der Studenten auf 32% (10%) und der Hochschulangehörigen und Referendare auf 44% (11%). Nicht spezialisiert haben sich in diesem Typ 53% (5%) der Juristen. 39% (7%) sind noch nicht 30 Jahre alt, 22% (6%) stammen aus Hessen, Rheinland-Pfalz und 22% (5%) stammen aus Baden-Württemberg, Saarland. Jeder zweite Jurist dieses Typs benötigt überwiegend problemorientierte Informationen 49% (13%), 38% (4%) benötigten überwiegend ausführliche Informationen und 42% (11%) behaupten, nie Fehlschläge in der Informationssuche hinnehmen zu müssen. Allerdings geben 39% (9%) an, nur zwischen 60% und 80% der gesuchten Informationen auch wirklich zu erhalten.

Der *Typ 8* unterscheidet sich in seinen passiven Variablen von den anderen Typen dadurch, daß der Anteil der Steuerberater 22% (5%) und der Anteil der Studenten 29% (7%) höher liegt. Der Informationsbedarf der Juristen dieses Typs, um fachlich auf dem laufenden zu bleiben, ist überdurchschnittlich stark 49% (10%) und der Bedarf an ausführlichen Informationen größer 40% (6%). In der Beurteilung der Datenbank unterscheidet sich dieser Typ von den anderen, daß 44% (6%) nicht der Meinung sind, daß sie durch eine juristische Datenbank manipuliert werden könnten.

Bezugsort unterschiedlicher Informationsquellen (Dokumentarten)

Der Weg, über den man die verschiedenen für die berufliche Arbeit benötigten Dokumentarten normalerweise erlangt, ist von mehreren Faktoren abhängig:

Die Notwendigkeit, die benötigte Literatur zu kaufen, besteht zunächst einmal für alle Selbständigen, die sie dann in ihrer betriebsinternen oder privaten Bibliothek einordnen, aber auch für die beamteten oder angestellten Juristen, deren organisationsinterne Bibliotheken unzureichend ausgestattet sind oder deren hausinternes Umlaufverfahren nicht zufriedenstellend funktioniert.

Bibliotheken am Arbeitsort werden benutzt, wenn die organisationsinterne Bibliothek die notwendigen Informationen nicht besorgen kann, und ein privater Erwerb, z.B. aus Kostengründen, nicht möglich ist. Von dem Vorhandensein lokaler (gemeinschaftlicher) Informationseinrichtungen und deren Leistungsfähigkeit hängt es ab, ob Archive oder Bibliotheken außerhalb des Arbeitsortes z.B. durch Fernleihe in Anspruch genommen werden.

Jeder zweite Jurist besorgt sich die benötigten Informationen in der organisationsinternen Bibliothek oder er erhält sie durch routinemäßigen Umlauf.

Untersucht man die Beschaffungsorte einzelner Informationen einmal für die Selbständigen und zum anderen für die Beamten und Angestellten, so ergibt sich das erwartete Bild, daß die meisten Selbständigen die benötigten Informationen selbst kaufen, während zwischen 80% und 100% der Beamten und Angestellten, die benötigten Informationen aus einer Bibliothek oder durch betriebsinternen Umlauf erhalten.

Nur die Rechtsanwälte benutzen unter den freiberuflichen Juristen häufig die Möglichkeit, sich Literatur aus externen Bibliotheken am Arbeitsort zu beschaffen. Zwischen 30% und 50% der Rechtsanwälte ziehen die Bibliotheksausleihe einem Kauf der Literatur vor.

Gesetzestexte erwerben mehr als die Hälfte aller Juristen käuflich. Dies gilt auch für jeden dritten Juristen im Angestelltenverhältnis. Vergleichsweise selten sind beamtete Juristen zum Kauf von Gesetzestexten bereit. Jedoch erwerben sie diese Dokumentart häufiger käuflich als jede andere[12]. Tab. 93

Eine Nutzung von externen Bibliotheken am Arbeitsort, ein Indikator für unzureichende private oder betriebliche Literaturausstattung, erfolgt bei der Suche nach Entscheidungen, die in amtlichen Sammlungen oder auf andere Art veröffentlicht wurden, bei Fachzeitschriften, bei Monographien, Kommentaren und Lehrbüchern durch 25% bis 30% der Juristen. Die Fernleihe wird hauptsächlich bei der Suche nach Monographien in Anspruch genommen. Tab. 99

Auffallend ist auch, daß Verwaltungsjuristen seltener die hausinterne Bibliothek und häufiger eine externe Bibliothek am Arbeitsort benutzen als Richter und Staatsanwälte.

---

[12] Vgl. hierzu auch Textziffer 18.

14 Welche Suchpraxis entwickeln Juristen bei der beruflichen Informationssuche (Reihenfolge und Häufigkeit der Nutzung von Suchhilfen)

Reihenfolge der Nutzung von Suchhilfen

Im Laufe der beruflichen Arbeiten haben viele Juristen eine spezifische Suchpraxis entwickelt, die ihren Arbeitsstil und ihre Arbeitspraxis beeinflußt haben. Nur jeder fünfte Jurist gibt an, daß sich sein Vorgehen bei der Suche nach juristischen Informationen von Fall zu Fall
Tab. 62 ändert.

Internalisierte Erfolge bei der Nutzung von Suchhilfen für die fachliche Informationsbeschaffung führen zu einem habitualisierten Suchverhalten.

Auf der Suche nach fachlichen Informationen benutzen Juristen zuerst Schlagwortregister und Sachregister und dann Fundstellenangaben. Inhaltsangaben und Leitsätze werden als vierte oder fünfte Suchhilfe zu Rate gezogen. Wenn alle anderen Hilfsmittel nicht zu den benötigten Informationen geführt haben, werden an letzter und vorletzter
Tab. 62 Stelle Zitate im Text und Autorenregister benutzt.

Eine unterschiedliche, ihren spezifischen Informationsbedürfnissen entsprechende Suchpraxis unterscheidet die Hochschulangehörigen von den übrigen Juristen: Als drittes Hilfsmittel bei der Suche nach juristischen Informationen nehmen Hochschulangehörige die Erläuterung einer Norm in einem Kommentar und wissenschaftliche Aufsätze zu einem Thema in einer Fachzeitschrift in Anspruch. Paragraphenregister werden dagegen als eine der letzten Möglichkeiten zum Auffinden von Informationen betrachtet.

Häufigkeit der Nutzung von Suchhilfen

Die gleichen elf Hilfsmittel für die Suche nach juristischen Informationen, die von den Befragten in der Reihenfolge ihrer Nutzung eingestuft worden waren, wurden auch nach der Nutzungshäufigkeit eingestuft.

Die Häufigkeit der Nutzung entspricht etwa der Reihenfolge, die bei einem habitualisierten Suchverhalten angewendet wird. Unterschiede ergeben sich durch die Juristen, die keine eigene Suchpraxis entwickelt haben. Sachregister, Schlagwortregister und Fundstellen werden am häufigsten als Hilfsmittel benutzt, um zu den benötigten Informationen zu gelangen. Die Erläuterung einer Norm in einem Kommentar und der wissenschaftliche Aufsatz zu einem Thema in einer Fachzeitschrift, die von den Juristen mit einer spezifischen Suchpraxis erst an sechster

Reihenfolge der Nutzung von Suchhilfen	Durchschnittswert +)	Gesamt	Berufsgruppen 1.	2.	3.	4.	5.	6.	7.	8.	9.	10.	11.
Schlagwortregister	2,81	1	2	2	1	2	2	1	2	1	1	1	2
Sachregister	2,83	2	1	1	2	1	1	2	1	2	2	2	1
Fundstellen	4,28	3	4	4	3	3	4	3	6	5	6	3	3
Inhaltsübersichten	4,45	4	6	6	4	5	3	4	4	6	4	4	5
Leitsätze	5,04	5	3	3	5	4	6	5	7	8	10	6	4
Erläuterungen einer Norm in einem Kommentar und wissenschaftlicher Aufsatz zu einem Thema in einer Fachzeitschrift	5,35	6	5	5	6	7	9	9	3	3	3	5	6
Paragraphenregister	6,09	7	7	7	7	6	5	6	11	11	9	8	9
Querverweise in Fußnoten	6,10	8	8	8	9	8	8	7	5	4	5	7	10
Gliederungen des Textes	6,93	9	10	10	8	9	7	8	8	10	11	10	7
Zitate im Text	7,04	10	9	9	10	10	10	10	9	7	8	9	8
Autorenregister	7,92	11	11	11	11	11	11	11	10	9	7	11	11

Berufsgruppen

1. Richter
2. Staatsanwalt
3. Verwaltungsjurist
4. Rechtsanwalt
5. Steuerberater
6. Wirtschaftsprüfer
7. Professor
8. Assistent
9. Student
10. Referendar
11. Jurist im Angestelltenverhältnis

+) Durchschnittswertberechnung aus der angegebenen Reihenfolge von 1-11

Stelle benutzt werden, werden von der Gesamtheit der Juristen am viert häufigsten benutzt[13].

[13] Vgl. auch S. 58 f.

Suchhilfen	Beurteilung der Nutzungshäufigkeit von Suchhilfen (Durchschnittswert)*)
Sachregister	4,12
Schlagwortregister	4,00
Fundstellen	3,77
Erläuterung einer Norm in einem Kommentar und wissenschaftlicher Aufsatz zu einem Thema in einer Fachzeitschrift	3,73
Leitsätze	3,51
Inhaltsübersichten	3,33
Querverweise in Fußnoten	3,07
Zitate im Text	2,81
Paragraphenregister	2,65
Gliederungen des Textes	2,62
Autorenregister	1,47

*) Durchschnittswertberechnung
0 = sehr selten
5 = sehr häufig

Typologisierung[14] *der Nutzungshäufigkeit von Suchhilfen für die Informationsbeschaffung*

Es wurden für diese Typologie als aktive Variable die elf vorgegebenen Suchhilfen für die Informationsbeschaffung und deren Einstufung auf einer Häufigkeitsskala eingegeben.

Zu gleichen Typen wurden die Juristen zusammengefaßt, die die elf Suchhilfen in gleicher Häufigkeit nutzen.

Als passive Variable wurden für die in der gewählten Interpretationsebene gebildeten acht Typen alle Teilgruppen ausgewählt, die auch in der tabellarischen Auswertung untersucht worden waren[15].

14 Ausführliche Methodenbeschreibung im Anhang (Textziffer 531).
15 Beschreibung der untersuchten Teilgruppen im Anhang (Textziffer 52).

Die einzelnen Typen umfaßten zwischen 8% und 18% der Juristen.

Typ 1	8%
Typ 2	10%
Typ 3	10%
Typ 4	9%
Typ 5	13%
Typ 6	18%
Typ 7	16%
Typ 8	18%

Am stärksten waren an der Bildung der Typen die Variablen „Zitate im Text“, „Querverweise in Fußnoten“, „Sachregister“, „Gliederung des Textes“, „Schlagwortregister“, „Autorenregister“ beteiligt.

Die Juristen der *Typen 1 und 8* unterscheiden sich zwar kaum in der Beurteilung der Rangfolge der Suchhilfen, aber in der Häufigkeit in der diese genutzt werden. Die Juristen in *Typ 1* benutzen häufiger nur die Sachregister, Schlagwortregister und Fundstellen, während die

Nutzungshäufigkeit von Suchhilfen für die Informationsbeschaffung

	Gesamt	Typ 1	2	3	4	5	6	7	8
Sachregister	4,12	3,29	4,04	3,67	4,53	3,21	3,53	5,00	5,00
Schlagwortregister	4,00	3,19	3,91	3,09	5,00	3,37	3,70	4,57	4,59
Fundstellen	3,77	2,89	3,13	3,44	3,72	3,77	3,82	4,03	4,28
Erläuterung einer Norm in einem Kommentar und wissenschaftlicher Aufsatz in einem Thema in einer Fachzeitschrift	3,73	2,65	3,26	3,42	3,61	3,90	3,98	3,83	4,04
Leitsätze	3,51	2,31	3,30	3,37	3,32	3,35	3,73	3,72	3,88
Inhaltsübersichten	3,33	2,41	3,27	3,16	3,67	2,73	3,34	3,45	3,93
Querverweise in Fußnoten	3,07	0,66	1,30	3,55	3,60	3,15	3,36	3,35	3,76
Zitate im Text	2,81	0,70	1,36	1,39	1,35	3,62	3,62	3,69	3,73
Paragraphenregister	2,65	1,17	2,39	2,08	2,51	2,12	2,83	2,88	3,46
Gliederung des Textes	2,62	0,33	3,01	2,22	2,54	1,31	3,58	2,84	3,19
Autorenregister	1,47	0,52	1,13	1,25	1,22	1,51	1,73	0,31	3,15

Durchschnittswertberechnung:

0 = sehr selten

5 = sehr häufig

Nutzungshäufigkeit von Suchhilfen für die Informationsbeschaffung

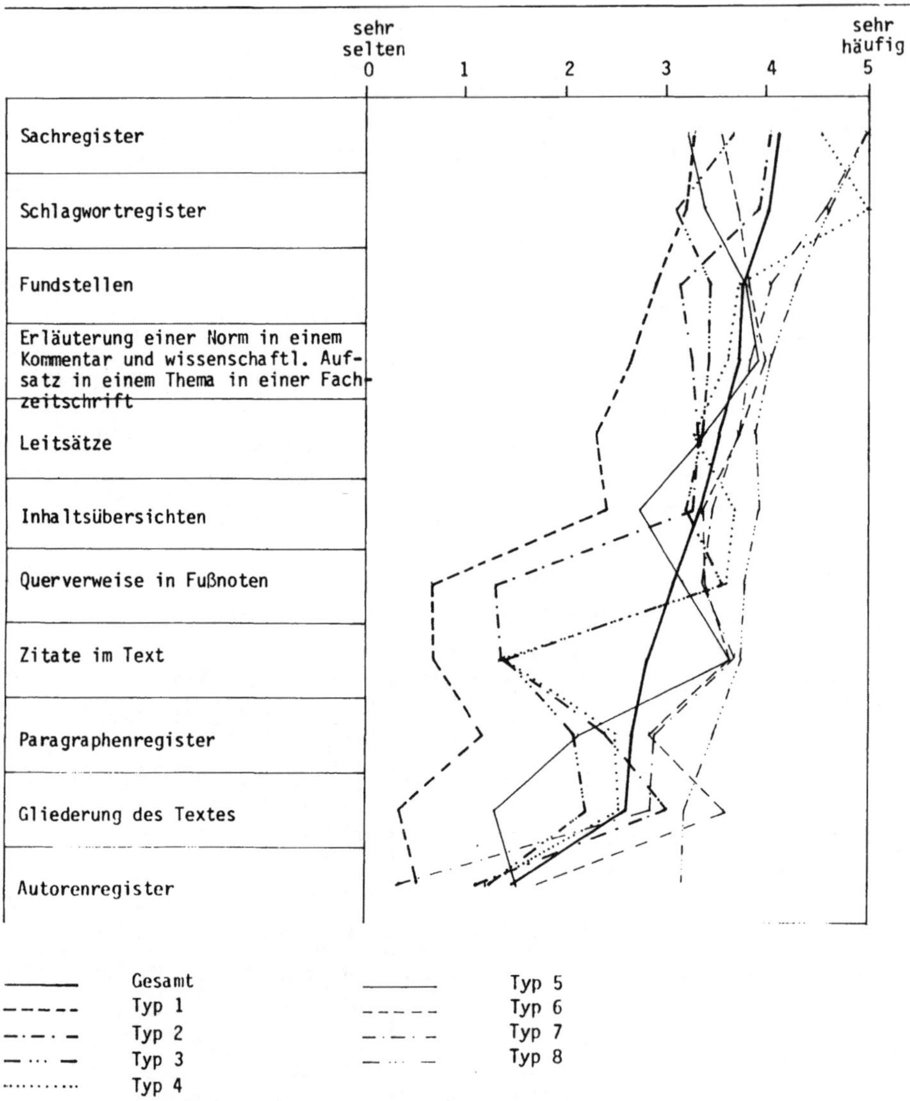

Juristen in *Typ 8* angeben, alle elf Suchhilfen häufiger zu benutzen. Sachregister stehen bei den *Typen 5 und 6* erst an sechster und siebenter Stelle, Schlagwortregister bei Juristen des *Typs 3* erst an siebenter Stelle. Fundstellen, die durchschnittlich am dritthäufigsten genutzt werden, stehen bei dem *Typ 2* erst an sechster Stelle. Besonders auffällig ist die Veränderung der Reihenfolge bei der Erläuterung einer Norm in einem Kommentar und dem wissenschaftlichen Aufsatz zu einem Thema in einer Fachzeitschrift bei den *Typen 5 und 6,* die

Reihenfolge der Nutzungshäufigkeit von Suchhilfen für die Informationsbeschaffung

	Gesamt	Typ 1	2	3	4	5	6	7	8
Sachregister	1	1	1	1	2	6	7	1	1
Schlagwortregister	2	2	2	7	1	4	4	2	2
Fundstellen	3	3	6	3	3	2	2	3	3
Erläuterung einer Norm in einem Kommentar und wissenschaftlicher Aufsatz in einem Thema in einer Fachzeitschrift	4	4	5	4	5	1	1	4	4
Leitsätze	5	6	3	5	7	5	3	5	6
Inhaltsübersichten	6	5	4	6	4	8	9	7	5
Querverweise in Fußnoten	7	9	10	2	6	7	8	8	7
Zitate im Text	8	8	9	10	10	3	5	6	8
Paragraphenregister	9	7	8	9	9	9	10	9	9
Gliederung des Textes	10	11	7	8	8	11	6	10	10
Autorenregister	11	10	11	11	11	10	11	11	11

diese Suchhilfe am häufigsten benutzen. Leitsätze stehen bei Juristen der *Typen 2 und 6* an dritter Stelle, Inhaltsübersichten bei dem *Typ 6* erst an neunter Stelle. Besonders häufig werden Querverweise in Fußnoten von Juristen des *Typs 3* benutzt, Zitate im Text von *Typ 5 und 6* häufiger als von den anderen Typen. Gliederungen des Textes werden von Juristen des *Typs 6* überdurchschnittlich häufig benutzt.

Ein abweichendes Interessenprofil für die Nutzung der vorgegebenen Suchhilfen zeigen vor allem die *Typen 5 und 6*, während sich die übrigen Typen von der durchschnittlichen Nutzungshäufigkeit von Suchhilfen für die Informationsbeschaffung nur wenig unterscheiden.

Im *Typ 1* sind überdurchschnittlich häufig Rechtsanwälte 23% (6%)[16], Verwaltungsjuristen 20% (5%) und Steuerberater 27% (10%) vertreten. 32% (9%) der Juristen dieses Typs sind selbständige Rechtsanwälte, Steuerberater und Wirtschaftsprüfer, die eine große Kanzlei betreiben. Sie stammen häufiger aus Bayern 20% (6%) und Gemeinden mit 50 000 bis 100 000 Einwohnern 16% (7%). Die Juristen des *Typs 1* sind im Durchschnitt älter als Juristen in den anderen Typen, 39% (20%) sind älter als fünfzig Jahre.

[16] Die Angaben in der Klammer beschreiben die positive Abweichung vom Merkmalsmittelwert für alle Juristen.

Sie haben auch häufiger im Laufe ihrer beruflichen Tätigkeit keine eigene Suchpraxis entwickelt 25% (5%).

Da sie überdurchschnittlich häufig Wiederholungsfälle bearbeiten 32% (9%), geben sie auch häufiger an, überwiegend Routineinformationen zu benötigen 49% (13%) und fast immer alle Informationen zu erhalten, die sie gesucht haben 33% (7%). Die Ergebnisse ihrer derzeitigen Suchpraxis nach juristisch relevanten Dokumenten und Veröffentlichungen halten 22% (6%) für immer optimal und 37% (6%) geben an, nie Fehlschläge in der Informationssuche hinnehmen zu müssen. 25% (8%) der Juristen dieses Typs delegieren die Informationssuche gelegentlich an ihre Mitarbeiter und 46% (9%) sind insgesamt mit den Ergebnissen der von den Mitarbeitern gesuchten Informationen zufrieden. Besonders groß ist in diesem Typ der Anteil der Juristen, die schnelle Informationen benötigen 54% (5%). Ausdruck der Zufriedenheit mit dem aktuellen Informationsbezug ist die Meinung der Befragten des *Typs 1*, daß Informationen aus einer juristischen Datenbank wahrscheinlich nicht besser sind 31% (11%). 51% (13%) können sich nicht vorstellen, durch die Benutzung einer juristischen Datenbank manipuliert zu werden.

Im *Typ 2* sind Rechtsanwälte 28% (11%) und Steuerberater 20% (3%) überdurchschnittlich häufiger vertreten. Etwas stärker ist in diesem Typ der Anteil der 40- bis 49jährigen 24% (6%) und der Berliner 9% (3%). Besonders hoch ist im *Typ 2* der Anteil der Juristen, die überwiegend schnelle Informationen benötigen 61% (12%). 49% (13%) benötigen in ihrer beruflichen Arbeit Routineinformationen und 41% (6%) sind stark auf Informationen angewiesen, um fachlich auf dem laufenden zu bleiben. Mit dem Ergebnis ihrer derzeitigen Suchpraxis sind allerdings überdurchschnittlich viele Juristen nicht zufrieden: 29% (8%) erhalten weniger als 60% der gesuchten Informationen und 40% (10%) geben an, sehr oft, oft oder manchmal Fehlschläge in der Informationssuche hinnehmen zu müssen.

Im *Typ 3* ist wieder der Anteil der Steuerberater etwas höher 21% (4%), 34% (5%) der Juristen dieses Typs stammen aus Nordrhein-Westfalen, 23% (6%) aus Baden-Württemberg. Etwas stärker sind Juristen aus Gemeinden mit 300 000 bis 500 000 Einwohnern 31% (5%) vertreten.

Die Juristen dieses Typs unterscheiden sich von den anderen nur noch dadurch, daß 28% (5%) überwiegend Wiederholungsfälle bearbeiten, 55% (6%) schnelle Informationen benötigen und 82% (4%) Informationen aus einer juristischen Datenbank für besser halten als Informationen, die sie in ihrer gegenwärtigen Suchpraxis erhalten.

Im *Typ 4* befinden sich etwas häufiger Verwaltungsjuristen 21% (6%) und Steuerberater 21% (4%). Besonders viele Juristen haben eine eigene Suchpraxis entwickelt 82% (5%), haben nach ihren Aussagen einen geringeren subjektiven Informationsbedarf 33% (9%) und erhalten nie die notwendige aktuelle Information zur Beurteilung der Rechtslage zu spät oder überhaupt nicht 39% (8%). 18% (5%) delegieren die Informationssuche regelmäßig an ihre Mitarbeiter, allerdings sind 11% (4%) der Juristen dieses Typs mit den dabei erhaltenen Informationen weniger zufrieden.

Im *Typ 5* befinden sich überdurchschnittlich viele Richter 13% (4%) und Studenten 32% (10%). Hochschulangehörige und Referendare machen 46% (13%) dieses Typs aus. In dem *Typ 5* befinden sich deshalb auch überdurchschnittlich viele junge Juristen: 44% (12%) sind unter 30 Jahre alt. 36% (7%) stammen aus Nordrhein-Westfalen. Entsprechend dem Anteil der Hochschulangehörigen steigt auch in diesem Typ der Anteil der Juristen, die problemorientierte Informationen benötigen 49% (13%) und der Juristen, die ausführliche Informationen benötigen 44% (10%). Besonders stark ist auch der Anteil der Juristen, die nur zwischen 60% und 80% der gesuchten Informationen erhalten 35% (5%) und die die Qualität ihrer Informationen aus ihrer derzeitigen Suchpraxis als meistens optimal 66% (5%) oder weniger optimal 25% (2%) betrachten. 34% (4%) geben an, sehr oft, oft oder manchmal Fehlschläge in der Informationssuche hinnehmen zu müssen. Überdurchschnittlich kritisch sehen sie auch die Gefahr der Manipulation durch eine juristische Datenbank, unabhängig davon, wer der Träger der Datenbank ist 24% (8%).

Auch in *Typ 6* sind überdurchschnittlich viele Studenten zusammengefaßt worden 29% (7%). 31% (5%) dieses Typs stammen aus Gemeinden mit 300 000 bis 500 000 Einwohnern. In ihrem aktuellen Informationsverhalten sind 44% (10%) auf ausführliche Informationen angewiesen.

Jeder fünfte Jurist des *Typs 7* ist als Verwaltungsjurist tätig 20% (5%), wobei der Anteil der Verwaltungsjuristen in Gemeinden 13% (5%) überwiegt. Etwas stärker ist auch der Anteil der 30- bis 39jährigen 37% (5%) und der 40- bis 49jährigen 23% (5%). Besonders stark sind in diesem Typ die Juristen aus Norddeutschland 24% (6%) vertreten. 81% (4%) haben eine eigene Suchpraxis entwickelt und 66% (5%) halten die Ergebnisse dieser Suchpraxis für meistens optimal, 44% (6%) klagen nur selten über Fehlschläge in der Informationssuche.

Im *Typ 8* ist der Anteil der Studenten stärker als in allen anderen Typen gleichartiger Nutzung von Suchhilfen 34% (12%). Wiederum 44% (12%) sind unter 30 Jahre alt, und 36% (7%) stammen aus Nordrhein-Westfalen. Überdurchschnittlich stark schätzen sie ihren eigenen Informationsbedarf ein, um fachlich auf dem laufenden zu bleiben 49% (10%). Dieser Informationsbedarf besteht bei 36% (12%) teils aus

Routineinformationen, teils aus problemorientierten Informationen. Fehlschläge in der Informationssuche erleben 37% (6%). Besonders groß ist auch in diesem Typ der Anteil der Juristen, die Informationen aus der Datenbank für besser halten als Informationen aus ihrer gegenwärtigen Informationspraxis 83% (5%).

15 Benutzung eigener Informationssammlungen

Bestandteil des habitualisierten Informationsverhaltens der Juristen ist der Aufbau und Gebrauch eigener Informationssammlungen, wie z. B. Kartei- oder Lose-Blatt-Sammlungen. Über 90% aller Juristen besitzen für ihren eigenen beruflichen Gebrauch Informationssammlungen.

Tab. 83

Am häufigsten werden Fundstellensammlungen, Leitsatzkarteien, Stichwortkarteien benutzt, in denen Gesetze, Kommentierungen oder wissenschaftliche Beiträge in Fachzeitschriften gesammelt sind.

Tab. 84

Hilfsmittel	
Fundstellensammlungen	42%
Leitsatzkartei	31%
Stichwortkartei	30%
Zettelkasten	19%
Paragraphenkartei, soweit es sich hierbei um selbständige Werke handelt	13%
Zum Inhalt	
Gesetze	93%
Kommentierungen	80%
Wissenschaftliche Beiträge in Fachzeitschriften	74%
Lehrbücher	67%
Entscheidungen	64%
Verwaltungsvorschriften	48%
Sonstige Normen	41%
Monographien	29%

Fundstellensammlungen werden besonders häufig von Rechtsanwälten, Steuerberatern und Wirtschaftsprüfern benutzt. Leitsatzkarteien werden von Richtern und Staatsanwälten häufiger benutzt als Fundstellensammlungen. Zettelkästen werden von den Hochschulangehörigen häufiger benutzt als von den Juristen anderer Fachrichtungen.

16 Delegation der Informationssuche

Die Juristen wurden gefragt, wieviel Prozent der von ihnen benötigten juristischen Informationen sie sich von Mitarbeitern selbständig suchen lassen könnten, die kein juristisches Examen haben. Die Frage wurde also auch an die Juristen gestellt, die auf Grund ihrer Arbeitsorganisation nicht in der Lage waren, Arbeiten an Mitarbeiter zu delegieren. Die Aussagen sollten ein Indikator dafür sein, für wie schwierig die Suche nach juristischen Informationen eingeschätzt wird, wie hoch dabei die eigene Leistung bewertet wird und wie stark die Hemmnisse sein werden, sich Informationen über eine Datenbank besorgen zu lassen. Neben den Studenten und Referendaren ist der Anteil der Juristen, die sich keine Informationen von Mitarbeitern ohne juristisches Examen suchen lassen können, bei Richtern und Staatsanwälten am größten. Nur etwa jeder dritte Richter und Staatsanwalt könnte die Informationssuche delegieren. Tab. 73

Die besten Möglichkeiten, die Informationssuche zu delegieren, sehen Wirtschaftsprüfer, Verwaltungsjuristen und Steuerberater. Allerdings können im Durchschnitt nur 20%–30% des gesamten Informationsbedarfs von Mitarbeitern selbständig gesucht werden.

Einfluß auf die mögliche Delegation der Informationssuche scheint auch die benötigte Zugriffsgeschwindigkeit zur Information zu haben. Jeder zweite Jurist, der in seinem Beruf überwiegend kurzfristig Entscheidungen zu treffen hat und deshalb schnell Informationen erhalten muß, würde die Informationssuche delegieren, während nur jeder dritte Jurist, der an diffizilen juristischen Problemlösungen arbeitet, für die er längere Zeit zur Verfügung hat, einen Teil der Informationssuche delegieren würde. Tab. 75

Diejenigen Juristen, die angaben, sie könnten sich einen Teil der benötigten Informationen von Mitarbeitern ohne juristisches Examen suchen lassen, nannten die folgenden Arbeiten, um die es sich dabei handeln könnte.

Am häufigsten wurden von den Juristen, die die Informationssuche delegieren würden, weniger qualifizierte Suchaufgaben, wie z. B. die Suche nach Akten oder nach Gesetzestexten, am seltensten qualifizierte Aufgaben, wie z. B. die Informationsbeschaffung für genau abgegrenzte Spezialaufgaben oder sogar die Beschaffung des gesamten benötigten Informationsbedarfs genannt.

Etwa 15% aller Juristen delegieren die Suche nach juristischen Informationen regelmäßig bzw. häufig, etwa 35% delegieren die Informationssuche gelegentlich bzw. selten, und jeder 2. Jurist will oder kann die Informationssuche nicht delegieren.

Suche nach:	Prozent*)
Akten	58%
Gesetzestexten	46%
Kommentaren	38%
Grober Orientierung	37%
Routinemäßigen Informationen	33%
Fundstellen	33%
Literatur	33%
Entscheidungen	30%
Literaturzusammenstellungen	16%
genau abgegrenzten Spezialaufgaben	13%
gesamten Informationsbedarf	10%

Tab. 76

*) Prozentanteil der Juristen, die Informationssuche an Mitarbeiter ohne juristisches Examen delegieren könnten; Mehrfachnennungen möglich.

Die Beschaffung von Informationen durch Mitarbeiter gehört vor allem bei Professoren, Wirtschaftsprüfern, Verwaltungsjuristen und Steuerberatern zum habitualisierten Informationsverhalten.

In besonders starkem Maße ist die Möglichkeit, die Informationssuche zu delegieren, von der Position und Funktion des Juristen in der formalen Organisation abhängig.

Selbständige Rechtsanwälte, Wirtschaftsprüfer und Steuerberater, die eine große Kanzlei betreiben und damit über einen qualifizierten Mit-

Formale Organisation	Delegation der Informationssuche		
	Regelmäßig/ häufig	Gelegentlich/ selten	Nie
Amtsgericht	2%	27%	71%
Landgericht und höher	5%	27%	69%
Besonderes Gericht	2%	39%	50%
Richter, Staatsanwalt, Verwaltungsjurist			
Untere Ebene	13%	41%	45%
Höhere Ebene	25%	46%	28%
Selbständiger Rechtsanwalt, Wirtschaftsprüfer etc.			
Einzelkanzlei	9%	30%	62%
Große Kanzlei	23%	49%	27%

Abhängigkeit der Delegation der Informationssuche von der formalen Organisation

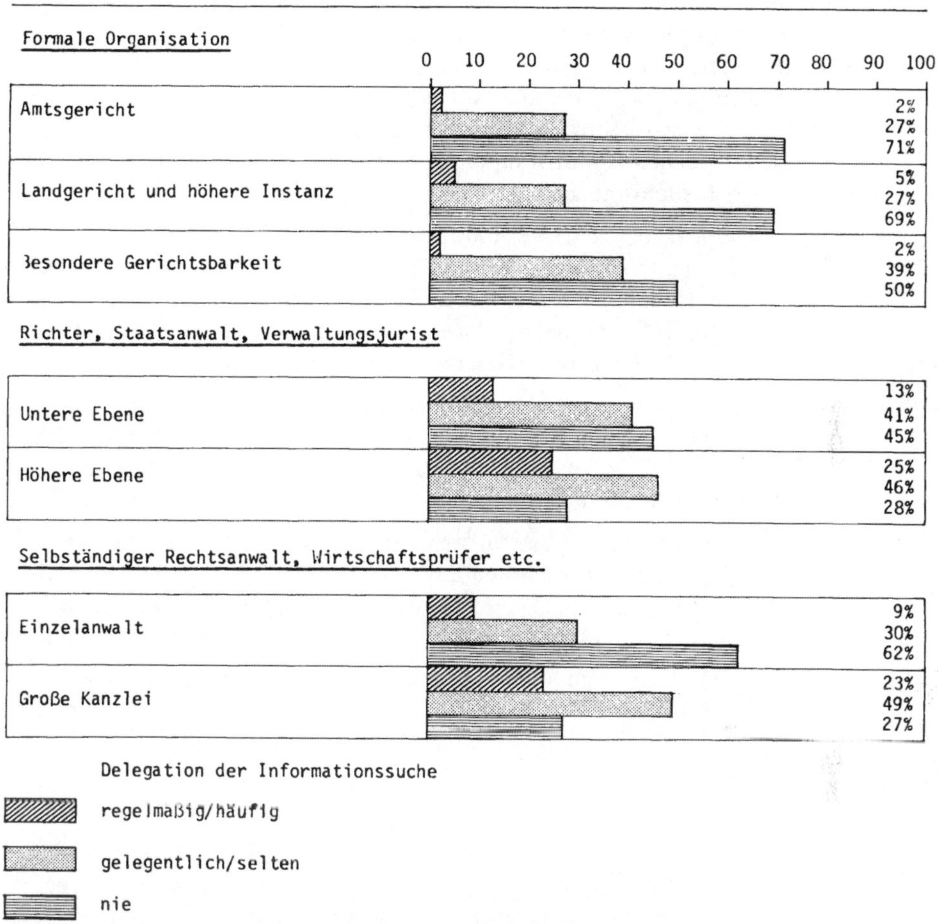

arbeiterstab verfügen, delegieren die Informationssuche weitaus häufiger als ihre Kollegen, die als Einzelanwälte tätig sind und nur über die Mitarbeit einiger Hilfskräfte verfügen können.

17 Die Informationsbeschaffung unter zeitlichem Aspekt

Zugriffsgeschwindigkeit benötigter Dokumentarten

Unter den meßbaren quantitativen Faktoren des Informationsverhaltens kommt der Zeit, in der die benötigten Informationen zur Verfügung stehen, eine besondere Bedeutung zu.

Auf die Frage, in welchem Zeitraum zwischen Suchbeginn und Erhalt in der Regel die benötigten Gesetze, Verordnungen, Verwaltungsrichtlinien, Entscheidungen, veröffentlicht in amtlichen Sammlungen, Entscheidungen, auf andere Art veröffentlicht, Literaturrezensionen in Fachzeitschriften, Entscheidungsrezensionen in Fachzeitschriften, wissenschaftliche Aufsätze in Fachzeitschriften, Monographien, Kommentare und Lehrbücher zur Verfügung stehen, erhält man ein für die verschiedenen Informationsarten unterschiedliches Bild der üblichen Zugriffsgeschwindigkeit.

Am schnellsten stehen den Juristen die benötigten Gesetzestexte zur Verfügung. Drei Viertel von ihnen halten sie innerhalb einer Stunde in den Händen, 95% erhalten sie in der Regel innerhalb eines Tages. Nur etwa jeder zwanzigste Jurist muß in der Regel mehr als zwei
Tab. 147 Tage auf die benötigten Gesetzestexte warten.

Auch Verordnungen, Verwaltungsrichtlinien, Entscheidungen, die in amtlichen Sammlungen veröffentlicht wurden, Kommentare und Lehrbücher stehen jedem zweiten daran interessierten Juristen innerhalb einer Stunde zur Verfügung.

Etwas länger müssen die Juristen auf die Entscheidungen, die auf andere Art veröffentlicht wurden und auf Beiträge in Fachzeitschriften warten. Jeder fünfte Jurist erhält diese Informationen erst nach
Tab. 148 zwei Tagen.

Auch Monographien stehen nicht so schnell zur Verfügung. Jeder fünfte Jurist muß eine Woche und länger auf die gewünschte Literatur
Tab. 149 warten.

	Gesetzestexte verfügbar			Verwaltungsrichtlinien verfügbar		
	in 1 Stunde	in 1 Tag	2 Tage u. mehr	in 1 Stunde	in 1 Tag	2 Tage u. mehr
Rechtsanwälte, Steuerberater, Wirtschaftsprüfer etc., die						
überwiegend Wiederholungsfälle bearbeiten	73%	20%	7%	56%	30%	14%
überwiegend neue Fälle bearbeiten	62%	30%	8%	46%	40%	14%

Rechtsanwälte, die ja auch besonders häufig externe Bibliotheken in Anspruch nehmen, erhalten die gewünschten Verordnungen, Verwaltungsrichtlinien und Entscheidungen später als ihre Kollegen.

Betrachtet man die Dokumentarten, die in der Regel innerhalb einer Stunde zur Verfügung stehen (Gesetzestexte, Verordnungen, Verwaltungsrichtlinien), d. h. die Literatur, die in der unmittelbaren Nähe des Arbeitsplatzes griffbereit steht, zeigt sich, daß die Juristen, die überwiegend Wiederholungsfälle bearbeiten, schneller die benötigten Informationen nutzen können, als die Juristen, die überwiegend neue Fälle bearbeiten. Tab. 153–158

Die Möglichkeit der kurzfristigen Information ist auch bei den Teilgruppen der Juristen etwas seltener, die angaben, daß der Anteil der erhaltenen an der gesuchten Information relativ gering ist, daß die Ergebnisse der derzeitigen Suchpraxis nach juristisch relevanten Dokumenten weniger zufriedenstellend sind.

Keine unterschiedliche Zugriffsgeschwindigkeit bei den benötigten Dokumentarten hat diese Untersuchung für Juristen aus unterschiedlich großen Gemeinden oder für Juristen aus unterschiedlichen Bundesländern ergeben.

Zeitaufwand pro Woche für die fachliche Weiterbildung

Der Gesamtaufwand, den die Juristen auf sich nehmen müssen, um fachlich auf dem laufenden zu bleiben, setzt sich aus dem Zeitaufwand für die Informationsbeschaffung und dem Zeitaufwand für die Informationsverarbeitung und den Kosten für die Informationsbeschaffung zusammen.

Der Zeitaufwand, den die Juristen für die laufende allgemeine fachliche Informationsbeschaffung und -verarbeitung (current-awareness-Information) pro Woche aufwenden, erscheint, gemessen an der wöchentlichen Arbeitszeit, relativ gering.

Jeder zweite Staatsanwalt und Rechtsanwalt wendet nicht mehr als vier Stunden pro Woche, jeder zweite Richter, Verwaltungsjurist und Jurist im Angestelltenverhältnis wendet nicht mehr als fünf Stunden pro Woche und jeder zweite Steuerberater und Wirtschaftsprüfer wendet nicht mehr als sechs Stunden pro Woche für diese Informationen auf. Tab. 168

Nur bei Hochschulangehörigen und Referendaren ergibt sich durchschnittlich ein größerer Zeitaufwand.

Jeder zweite Professor, Assistent und Referendar wendet mehr als zehn Stunden pro Woche auf, jeder zweite Student sogar mehr als zwanzig Stunden pro Woche.

Der unterschiedliche Zeitaufwand bei den Hochschulangehörigen und den übrigen Juristen ergibt sich aus den unterschiedlichen Funktionen. Während z. B. bei den Staatsanwälten und Rechtsanwälten der Anteil der fallbezogenen Arbeit sehr viel höher ist als der Anteil der weiterbildenden Arbeit, entspricht es dem Ausbildungscharakter der Hochschulen, daß dort der Anteil der Grundlageninformation höher ist. Einen höheren Zeitaufwand pro Woche als ihre Kollegen an Landgerichten und Amtsgerichten, treiben Juristen an besonderen Gerichten.

Tab. 169

Arbeitsplatz	Zeitaufwand Zehn Stunden und mehr pro Woche
Amtsgericht	10%
Landgericht und höhere Instanz	14%
Besonderes Gericht	31%

Juristen, die für ihre Arbeit überwiegend schnelle Informationen benötigen, haben nur wenig Zeit für die fachliche Weiterbildung. Nur jeder vierte von ihnen wendet wöchentlich mehr als zehn Stunden auf, während jeder zweite Jurist, der überwiegend ausführliche Informationen benötigt, mehr als zehn Stunden Arbeitszeit pro Woche für die fachliche Weiterbildung aufwendet.

Allerdings muß man beachten, daß die Hochschulangehörigen überproportional stark in der Gruppe der Juristen mit überwiegendem
Tab. 170 Bedarf an ausführlichen Informationen vertreten sind.

	Zeitaufwand pro Woche für die fachliche Weiterbildung			
Juristen mit überwiegendem Bedarf an	1–5 Std.	6–9 Std.	10–19 Std.	20 Std. u. mehr
schnellen Informationen	54%	21%	15%	10%
ausführlichen Informationen	33%	17%	24%	25%

Größeren Zeitaufwand für die fachliche Weiterbildung treiben auch die Juristen, die überwiegend neue Fälle zu bearbeiten haben bzw. die Juristen, die für ihre Arbeit überwiegend problemorientierte Informationen benötigen.

18 Aufwendungen für Fachliteratur

Wieviel Geld der einzelne Jurist für Fachliteratur ausgibt, hängt von mehreren Faktoren ab:

1. Seinem subjektiven Informationsbedarf.
2. Seiner Position im beruflichen System, d.h. ob er als freiberuflicher Jurist für die Kosten aller benötigten Informationen aufkommen muß oder ob er als beamteter oder angestellter Jurist einen Teil der benötigten Fachinformationen aus einer betriebsinternen Bibliothek oder dem betriebsinternen Umlauf erhält.
3. Den zur Verfügung stehenden Geldmitteln für die benötigten Informationen bei freiberuflichen Juristen. Kann mit den vorgesehenen Mitteln der Informationsbedarf nicht gedeckt werden, können öffentliche Bibliotheken zur Informationsdeckung benutzt werden.
4. Den zur Verfügung stehenden Haushaltsmitteln für die Informationsbeschaffung bei Behörden. Ist der Literaturbestand der betriebsinternen Bibliotheken zur Deckung des subjektiven Informationsbedarfs nicht ausreichend, bleibt die Möglichkeit der Ausleihe oder des privaten Kaufs.

Von diesen Einflußmöglichkeiten konnte hier nur der Einfluß des Berufes auf die Aufwendungen für Fachliteratur untersucht werden.

Die Ausgaben für die Beschaffung von gedruckten juristischen Informationen, z.B. für einschlägige Zeitschriften, Bücher, Kommentare, Lose-Blatt-Sammlungen, Entscheidungssammlungen, Ergänzungslieferungen usw., waren für zwei Gruppen der Juristen unterschiedlich hoch.

Von den Beamten, Angestellten und in Ausbildung befindlichen Juristen gab in den vergangenen zwölf Monaten jeder zweite weniger als DM 300,– für Fachliteratur aus. Jeder zweite Rechtsanwalt, Steuerberater, Wirtschaftsprüfer und Professor gab dagegen in den vergangenen zwölf Monaten mehr als DM 900,– für Fachliteratur aus. Dementsprechend sind es auch die Steuer-, Versicherungsrechtler und die Handels-, Wirtschaftsrechtler, die persönlich am meisten Geld für die Beschaffung von Informationen aufwenden.

Tab. 69
Tab. 71

2 Mängel bei der aktuellen Informationsbeschaffung

Im einzelnen interessieren hier:

21 der Sucherfolg – Anteil der erhaltenen an der gesuchten Information

22 die Beurteilung des Sucherfolges und die Gründe für einen unbefriedigenden Sucherfolg

23 die Beurteilung der Informationssuche durch Mitarbeiter und die Gründe für die schlechten Suchergebnisse

24 die Fehlschläge bei der Informationsbeschaffung und deren Ursachen

25 die Häufigkeit der Fehlschläge bei der Beschaffung verschiedener Dokumentarten

Die vielzitierte ‚Informationskrise des Rechts' sieht Simitis als ‚ein unausweichliches Merkmal jeder industriell fortgeschrittenen Gesellschaft. Die sozialen Strukturen mögen noch so unterschiedlich sein, Entscheidungs- und Normenflut signalisieren überall die veränderte Position des einzelnen und seine ständig steigenden Leistungserwartungen'[17].
Die Beurteilung des Sucherfolges, die Gründe für einen unbefriedigenden Sucherfolg, Aussagen über den Anteil der erhaltenen an der gesuchten Information und die Fehlschläge bei der Informationsbeschaffung erlauben zum ersten Mal für Juristen in der Bundesrepublik eine quantitative Beschreibung des geäußerten Unbehagens an der Informationsversorgung.

21 Der Sucherfolg – Anteil der erhaltenen an der gesuchten Information

Jeder vierte Jurist erhält in der Regel zwischen 90% und 100% der gesuchten problemorientierten Informationen, jeder fünfte Jurist zwischen 80% und 90% der gesuchten Informationen, 17% erhalten in der Regel zwischen 70% und 80% der gesuchten Informationen und jeder dritte Jurist erhält weniger als 70% der gesuchten Informationen. Besonders gering ist der Sucherfolg bei Verwaltungsjuristen und Studenten, überdurchschnittlich hoch bei Professoren, Assistenten, Steuerberatern und Wirtschaftsprüfern.

---

[17] Simitis, Informationskrise des Rechts, Seite 61.

Berufsgruppen	Anteil der erhaltenen an den gesuchten problemorientierten Informationen			
	bis unter 70%	70% bis unter 80%	80% bis unter 90%	90% bis 100%
Gesamt	33%	17%	20%	26%
Richter	34%	16%	23%	26%
Staatsanwalt	35%	14%	25%	25%
Verwaltungsjurist	39%	16%	20%	22%
Rechtsanwalt	32%	13%	21%	31%
Steuerberater	26%	15%	21%	34%
Wirtschaftsprüfer	29%	8%	21%	40%
Professor	17%	20%	19%	40%
Assistent	25%	13%	27%	31%
Student	38%	24%	17%	18%
Referendar	38%	20%	21%	19%
Jurist im Angestelltenverhältnis	29%	18%	22%	30%

	Anteil der erhaltenen an den gesuchten problemorientierten Informationen			
	bis unter 70%	70% bis unter 80%	80% bis unter 90%	90% bis 100%
Gesamt	33%	17%	20%	26%
Juristen, die den Sucherfolg bei der Suche nach relevanten juristischen Dokumenten als				
– immer optimal	21%	10%	20%	45%
– meistens optimal	29%	19%	24%	24%
– weniger zufriedenstellend	54%	18%	11%	15%
beurteilen				
Juristen, die Fehlschläge in der Informationssuche				
– sehr oft/manchmal	46%	20%	16%	15%
– selten	28%	18%	24%	27%
– nie	28%	14%	21%	34%
hinnehmen müssen				

Wie subjektiv die Beurteilung der Informationsqualität und der Fehlschläge der Informationssuche sein kann, zeigt sich daran, daß jeder fünfte Jurist, der behauptet, immer optimal informiert zu sein, gleichzeitig angibt, weniger als 70% der gesuchten problemorientierten Informationen in der Regel zu erhalten, während 15% der Juristen, die mit der Informationsqualität weniger zufrieden sind oder Fehlschläge in der Informationssuche hinnehmen müssen, angeben, zwischen 90% und 100% der gesuchten Informationen in der Regel zu erhalten. Kriterien für den objektiven Informationsbedarf und dessen Bedarfsdeckung konnten im Rahmen dieser Studie nicht entwickelt werden. Hier konnte nur das Verhältnis von subjektivem Informationsbedarf und subjektiver Beurteilung des Sucherfolgs quantitativ gemessen werden[18].

22 Die Beurteilung des Sucherfolges und die Gründe für einen unbefriedigenden Sucherfolg

Den Juristen wurde die Frage gestellt, ob sie in ihrer derzeitigen Suchpraxis nach juristisch relevanten Dokumenten und Veröffentlichungen immer optimale oder meistens optimale Informationen erhalten oder ob sie mit dem Sucherfolg im allgemeinen weniger zufrieden sind.

16% der Juristen fühlen sich immer optimal informiert, 61% meistens optimal informiert und 23% sind mit dem Sucherfolg im allgemeinen weniger zufrieden.

Die Behauptung, immer optimal informiert zu sein, kann einmal bedeuten, daß diese Gruppe objektiv gut mit Informationen ausgestattet ist, sie kann aber auch bedeuten, daß der subjektive Informationsbedarf gegenüber dem objektiven Bedarf so reduziert worden ist, daß die Informationssuche auch unter objektiv schlechten Bedingungen erfolgreich erscheint.

Ebenso kann die Unzufriedenheit mit dem Sucherfolg ein Ausdruck objektiv unzureichender Belieferung mit Informationen sein, wie ein Ausdruck dafür, daß die Informationsnachfrage größer ist als der faktische Informationsbedarf.

Besonders zufrieden sind die Steuerberater. Jeder vierte erhält immer optimale Informationen und nur 19% sind mit dem Sucherfolg unzufrieden.

---

18 Zur Messung des objektiven Bedarfs und der objektiven Bedarfsdeckung sind unseres Erachtens arbeitssoziologische Fallstudien notwendig. Vgl. auch Textziffer 3.

Ebenfalls zufrieden sind die Wirtschaftsprüfer, von denen nur jeder zehnte mit den erhaltenen Informationen unzufrieden ist. Die Informationskrise des Rechts hat dagegen jeder vierte Verwaltungsjurist (jeder dritte Verwaltungsjurist in Ministerien), Assistent, Referendar und 29% der Studenten verspürt. Tab. 235

Die Zufriedenheit mit der Suchpraxis ist auch abhängig von der Position in der formalen Organisation und deren Größe. Richter, Staatsanwälte und Verwaltungsjuristen der höheren Ebene und Einzelanwälte fühlen sich besser informiert als ihre Kollegen. Tab. 236

Die unzufriedenste Gruppe bilden die Juristen, die nur einen kleinen Teil der gesuchten problemorientierten Informationen erhalten oder Entscheidungen treffen, die nicht dem neuesten Stand entsprechen, weil die notwendigen Informationen zu spät oder überhaupt nicht eintreffen. Tab. 239

	Beurteilung der Suchpraxis nach relevanten juristischen Informationen		
	immer optimal	meistens optimal	weniger zufriedenstellend
Gesamt	16%	61%	23%
Juristen mit unterschiedlich starkem Sucherfolg			
– gering	12%	50%	38%
– mittel	8%	63%	29%
– groß	15%	72%	12%
– sehr groß	28%	58%	13%
Juristen mit unterschiedlich häufigen Fehlschlägen bei der Informationssuche			
– häufig/manchmal	8%	60%	32%
– selten	13%	69%	18%
– nie	29%	51%	20%

Auch die Zufriedenheit mit der Delegation der Informationssuche an Mitarbeiter beeinflußt die allgemeine Zufriedenheit mit der Informationssituation.

Die Gründe für einen unbefriedigenden Sucherfolg

Die Juristen, die angaben, daß der Sucherfolg nach juristisch relevanten Dokumenten und Veröffentlichungen nicht immer optimal oder

Gründe für einen unbefriedigenden Sucherfolg [1]

Gründe	Prozent	Gesamt	Berufsgruppen 1.	2.	3.	4.	5.	6.	7.	8.	9.	10.	11.
Informationen zu verstreut	43% [2]	1 [3]	2	4	2	2	1	2	2	1	2	3	2
Literatur nicht in der Bibliothek erhältlich	39%	2	1	1	2	4	5	4	1	2	1	1	3
Zeitmangel	36%	3	3	2	1	1	2	1	5	5	5	5	1
Unvollkommene Suchhilfen	30%	4	5	5	4	3	3	3	2	3	3	2	4
Veraltete Literatur	22%	5	4	3	5	6	6	6	6	6	4	4	5
Lückenhafte Aufbereitung	19%	6	6	6	6	5	4	4	4	4	6	6	6
Verzögerter Umlauf von wichtigen Papieren, Zeitschriften	10%	7	7	7	7	7	7	7	7	7	7	7	7

Berufsgruppen

1. Richter
2. Staatsanwalt
3. Verwaltungsjurist
4. Rechtsanwalt
5. Steuerberater
6. Wirtschaftsprüfer
7. Professor
8. Assistent
9. Student
10. Peferendar
11. Jurist im Angestelltenverhältnis

[1] offen gestellte Frage (Antwortmöglichkeiten werden nicht vorgegeben)

[2] Lesebeispiel: 43% der Juristen, die mit den Ergebnissen ihrer Suchpraxis nicht zufrieden sind, geben als Grund für die nichtbefriedigende Suchpraxis an, die Informationen seien zu verstreut

[3] Reihenfolge, die sich aus der Häufigkeit der Nennungen ergibt

weniger zufriedenstellend sei, wurden nach den Ursachen der mangelhaften Information befragt.

Am häufigsten wurde bemängelt, daß die Informationen zu weit verstreut seien oder daß die notwendige Literatur nicht in der Bibliothek erhältlich sei. An dritter Stelle wird der Zeitmangel genannt.

	Beurteilung der Suchpraxis nach relevanten juristischen Informationen		
	immer optimal	meisten optimal	weniger zufriedenstellend
Juristen, die mit der Delegation der Informationssuche			
– sehr zufrieden	27%	62%	11%
– zufrieden	15%	65%	20%
– weniger/nicht zufrieden	5%	58%	38%
sind.			

Die mangelhafte Ausstattung der Bibliotheken wird vor allem von Richtern, Staatsanwälten, Verwaltungsjuristen und den Hochschulangehörigen beklagt. Der Zeitmangel wird häufig von Richtern, Staatsanwälten, Verwaltungsjuristen und Juristen im Angestelltenverhältnis genannt.

Zeitmangel wird am häufigsten von den Verwaltungsjuristen in Ministerien und natürlich auch von Juristen mit Priorität für schnelle Informationen genannt. Richter und Staatsanwälte an Amtsgerichten beklagen sich häufiger als ihre Kollegen an höheren Gerichten über veraltete Literatur und ungenügenden Literaturbestand in der Bibliothek.

23 Die Beurteilung der Informationssuche durch Mitarbeiter und die Gründe für die schlechten Suchergebnisse

Jeder zweite Jurist delegiert, unterschiedlich häufig, die Suche nach Informationen an Mitarbeiter. Mit den Ergebnissen sind im allgemeinen etwa 85% sehr zufrieden oder zufrieden und 15% weniger zufrieden oder nicht zufrieden. Besonders gute Erfahrungen haben Staatsanwälte gemacht, während bei den Richtern und den Professoren sowohl der Anteil der sehr zufriedenen wie der Anteil der weniger zufriedenen besonders hoch ist. Auch Rechtsanwälte sind überdurchschnittlich häufig mit den dabei erhaltenen Informationen unzufrieden.

Gründe für die schlechten Suchergebnisse der Mitarbeiter liegen in deren mangelhaften Ausbildung und Qualifikation, die jeder zweite unzufriedene Vorgesetzte nennt bzw. in der Schwierigkeit der Materie.

Besonders häufig beklagen sich unzufriedene Verwaltungsjuristen über die mangelhafte Qualifikation der Mitarbeiter.

Juristen, die einen Teil der Informationssuche delegieren	Zufriedenheit mit der Delegation der Informationssuche		
	sehr zufrieden	zufrieden	weniger/ nicht zufrieden
Gesamt	8%	76%	15%
Richter	12%	68%	21%
Staatsanwalt	17%	64%	17%
Verwaltungsjurist	7%	79%	13%
Rechtsanwalt	9%	71%	19%
Steuerberater	8%	75%	15%
Wirtschaftsprüfer	7%	81%	11%
Professor	13%	66%	21%
Assistent	11%	72%	16%
Referendar	3%	80%	15%
Jurist im Angestellten-verhältnis	10%	79%	10%

Juristen, die die Informationssuche nie delegieren	Gründe, weshalb die Informationssuche nie delegiert wird		
	keine Hilfskräfte zur Verfügung	Fehlende Sachkenntnis der Mitarbeiter	Suche selber exakter
Gesamt	67%	14%	10%
Richter	65%	14%	9%
Staatsanwalt	66%	12%	9%
Verwaltungsjurist	46%	20%	18%
Rechtsanwalt	32%	35%	26%
Steuerberater	47%	35%	10%
Wirtschaftsprüfer	41%	23%	–
Professor	63%	–	38%
Assistent	79%	2%	12%
Student	89%	–	4%
Referendar	82%	2%	5%
Jurist im Angestelltenverhältnis	41%	36%	8%

Neben dem Mangel an Mitarbeitern ist auch die fehlende Sachkenntnis der Mitarbeiter ein Grund dafür, daß Juristen die Informationssuche nie delegieren. Tab. 253

24 Die Fehlschläge bei der Informationsbeschaffung und deren Ursachen

Ein typisches Beispiel für die Informationskrise des Rechts ist die Situation, daß ein time lag zwischen gewandelter Rechtslage und der Anpassung an diese Rechtslage besteht.

Die objektiven beruflichen Anforderungen werden nicht erfüllt, weil Entscheidungen getroffen werden, die nicht dem neuesten Stand entsprechen, nur weil notwendige aktuelle Informationen zur Beurteilung der Rechtslage zu spät oder überhaupt nicht eintreffen.

Die Frage, ob dieser Fall sehr oft, oft, manchmal, selten oder nie in der eigenen beruflichen Praxis vorkommt, verlangt von dem Befragten ein großes Maß an Selbstkritik und der Fähigkeit, auch vor einem fremden Interviewer zuzugeben, den beruflichen Anforderungen nicht zu genügen.

Zum anderen wird die Subjektivität der Aussage dadurch verstärkt, daß das Maß für die Beurteilung, ‚der neueste Stand der Rechtsprechung', individuell unterschiedlich stark wahrgenommen wird.

Juristen, deren Informationsstand nicht dem neuesten Stand der Rechtslage entspricht, werden oft erst durch Sanktionen, wie z. B. die Fortsetzung des Falles in einer höheren Instanz, auf die Fehlschläge bei der Informationsbeschaffung hingewiesen.

Bei der relativ harten Frageformulierung kann man annehmen, daß Juristen, die zugeben, sehr oft, oft oder manchmal Fehlschläge bei der Informationssuche zu erleben, voll von der Informationskrise des Rechts betroffen sind, und die Juristen, die angeben, selten Fehlschläge zu erleben, zumindest von der Informationskrise tangiert werden. Wer nie aktuelle Informationen zur Beurteilung der Rechtslage zu spät oder überhaupt nicht erhält, kann objektiv ausreichend informiert sein und ist subjektiv ausreichend informiert[19].

Besonders stark betroffen von der zeitlichen Verzögerung in der Informationsbeschaffung sind Referendare, Staatsanwälte und Rechtsanwälte.

---

[19] Vgl. auch Textziffer 21, 3.

Berufsgruppen	Fehlschläge bei der Informationsbeschaffung			
	häufig	manchmal	selten	nie
Gesamt	4%	25%	38%	31%
Richter	3%	25%	49%	22%
Staatsanwalt	3%	29%	42%	26%
Verwaltungsjurist	3%	22%	55%	20%
Rechtsanwalt	3%	28%	43%	25%
Steuerberater	3%	23%	36%	38%
Wirtschaftsprüfer	1%	15%	46%	39%
Professor	4%	13%	34%	49%
Assistent	5%	20%	43%	30%
Student	7%	26%	16%	46%
Referendar	7%	32%	29%	31%
Jurist im Angestelltenverhältnis	4%	24%	50%	21%

Tab. 260

Die besonders starke Krise in der Informationsbeschaffung bei Referendaren, kann in den Schwierigkeiten des Rollenwechsels von der Rolle des Studenten zur Rolle des Mitarbeiters am Gericht, in der Verwaltung oder in einer Kanzlei begründet sein, da das Informationsverhalten den geänderten Funktionen angepaßt werden muß.

Am seltensten werden Professoren und Studenten von diesem Informationsproblem betroffen. Eine zeitliche Verzögerung der Informationsbeschaffung hat sekundäre Bedeutung, da den Hochschulangehörigen nach ihren Angaben genügend Zeit für die Informationsbeschaffung zur Verfügung steht.

In einer Informationssenke, bedingt durch die hierarchische Stellung innerhalb der formalen Organisation sehen sich vor allem Richter, Staatsanwälte und Verwaltungsjuristen der unteren Ebene und angestellte Rechtsanwälte, Wirtschaftsprüfer etc. in kleinen Kanzleien oder Firmen und jüngere Juristen eher als ältere Juristen.

Besonders kritisch sehen Berliner Juristen, daß sie manchmal die notwendige aktuelle Information zu spät oder gar nicht erhalten.

Als häufigste Ursache, aber als Tautologie nicht aussagekräftig, wird der Zeitmangel für die verspätete oder ausbleibende Information verantwortlich gemacht. Jeder fünfte Jurist, der die aktuelle Information zu spät oder überhaupt nicht erhält, beklagt sich über den zu langen Zeitraum zwischen Entscheidung und Veröffentlichung.

Häufigste Ursachen für die verspätete oder ausbleibende Information:

Ursachen	Prozent
Zeitmangel	33%
Zeitraum zwischen Entscheidung und Veröffentlichung zu lang	21%
Literaturbestand nicht ausreichend	13%
Verzögerung der Umläufe	10%
Material zu kompliziert, zu umfangreich	8%
Fehlender Überblick über Informationsangebot	7%
Vorliegende Literatur nicht auf dem neuesten Stand	6%
Kommentierungen erscheinen zu spät	5%
Organisatorische Mängel	4%
Fehlende Geldmittel	3%
Es gibt keine geeigneten Quellen	3%

25 Die Häufigkeit der Fehlschläge bei der Beschaffung verschiedener Dokumentarten

Der stärkste Fehlschlag in der Informationsbeschaffung ist das völlige Ausbleiben der benötigten Informationen. Eine Ursache dafür kann der fehlende Überblick über das Informationsangebot bzw. eine fehlende Suchstrategie sein. Die andere Ursache kann sein, daß die gewünschte Information zwar genau definiert werden kann, aber wegen schlechter Ausstattung der Bibliothek oder anderer technischer Gründe nicht zu erhalten ist.

Monographien, die von den Juristen an die letzte Stelle der Bedeutung für die aktuelle Arbeit gesetzt wurden, werden von jedem dritten daran interessierten Juristen häufig oder manchmal nicht gefunden bzw. nicht beschafft. Für die aktuelle Arbeit der Juristen ist es dagegen wichtiger, daß Entscheidungen, die auf andere Art veröffentlicht wurden und an fünfter Stelle der Präferenzskala stehen, häufig nicht gefunden werden. Besonders schwierig scheint sich die Suche nach Entscheidungen, die auf andere Art veröffentlicht wurden, für Verwaltungsjuristen, Staatsanwälte und Richter zu gestalten. Gesetze, die wichtigste Dokumentart für die aktuelle Arbeit, werden nur von 8% der Juristen manchmal oder häufig nicht gefunden.

Häufigkeit der Fehlschläge bei der Beschaffung einzelner Informationsquellen (Dokumentarten):

Dokument	Durch-schnitts-wert*)	Fehlschläge häufig/ manchmal
Monographien	1,32	32%
Entscheidungen, auf andere Art veröffentlicht	1,22	36%
Wissenschaftliche Aufsätze in Fachzeitschriften	1,11	31%
Literaturrezensionen in Fachzeitschriften	1,08	25%
Entscheidungsrezensionen in Fachzeitschriften	1,04	27%
Verwaltungsrichtlinien	0,97	24%
Lehrbücher	0,81	18%
Kommentare	0,74	17%
Entscheidungen, veröffentlicht in amtlichen Sammlungen	0,72	18%
Verordnungen	0,72	17%
Gesetze	0,41	8%

Tab. 271–294

* Durchschnittswertberechnung
häufig = 3, manchmal = 2, selten = 1, nie = 0

3 Subjektive Informationsbedürfnisse

In einer Befragung dieses Rahmens können nur Informationsbedürfnisse, die der Befragte subjektiv als zur Lösung der Aufgabe notwendig empfindet, quantitativ gemessen werden, da die beruflichen Anforderungen, deren Erfüllung zu einem objektiv idealen Verhalten und völliger Deckung der objektiven Informationsbedürfnisse führen würde, durch eine Befragung nicht erfaßt werden können[20]. Das Maß für die beruflichen Anforderungen wäre der objektive Nutzen, der aus dem idealen Verhalten gezogen werden kann. Der objektive Nutzen ergibt sich aus dem individuellen Nutzen, dem organisatorischen Nutzen und dem gesellschaftlichen Nutzen[21].
Teil des objektiven Informationsbedarfs ist der faktische Informationsbedarf, der bei Berücksichtigung der Vorinformation übrig bleibt, und der gestillt werden muß, um objektiv ausreichend informiert zu sein. Untermenge des subjektiven Informationsbedarfs ist die Informationsnachfrage, die das Individuum durch sein Suchverhalten nach außen zum Ausdruck bringt.
Subjektive Informationsbedürfnisse können sowohl geringeren als auch größeren Umfang haben, als der objektive Informationsbedarf.
Beispiel für den Fall, daß der subjektive Informationsbedarf geringer als der objektive Informationsbedarf ist:

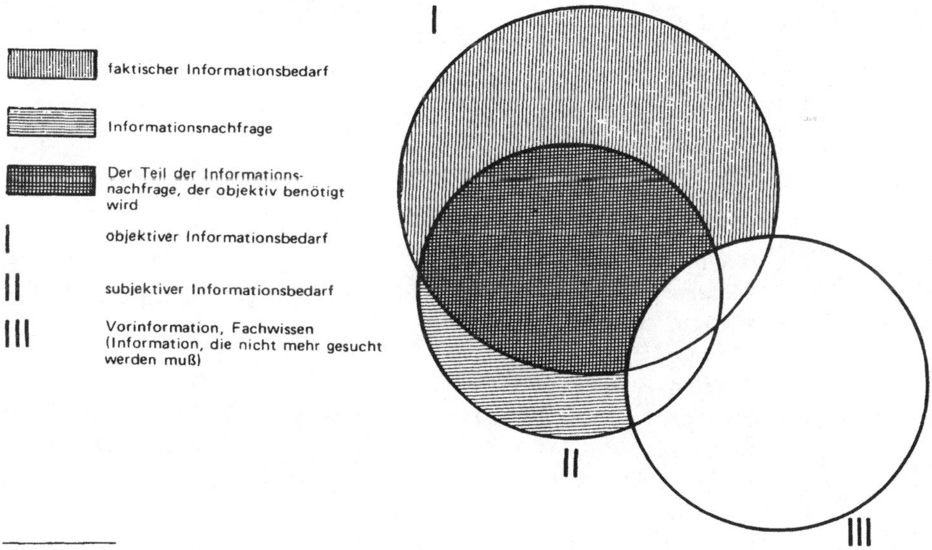

[20] Vgl. auch Textziffer 21, 24.
[21] Zur Nutzwertanalyse von juristischen Informationssystemen:
S. Uhlig, Zur Problematik der Bewertung eines juristischen Informationssystems, in Datenverarbeitung im Recht, Band 1, Heft 1, J. Schweitzer Verlag.

Bei der Untersuchung des aktuellen subjektiven Informationsbedarfs interessiert im einzelnen:

31 Der notwendige Umfang, in dem informiert werden soll

32 Die gewünschte Wiedergabeform von Dokumentarten

33 Der Bedarf an Suchhilfen für eine optimale Suchpraxis

34 Die gewünschte Schnelligkeit der Dokumentbereitstellung

31 Der notwendige Umfang, in dem informiert werden soll

Die Frage, wie stark die Juristen in ihrer beruflichen Tätigkeit auf die fortlaufende Belieferung mit Informationen angewiesen sind, um fachlich auf dem laufenden zu bleiben, kann nur eine grobe Selbsteinschätzung bedeuten und sagt nichts über den faktischen Informationsbedarf aus, da die Angaben nicht in Relation zur Vorinformation und zum objektiven Bedarf gesetzt werden können.

Den eigenen Informationsbedarf schätzen vor allem Professoren, Assistenten und Wirtschaftsprüfer als sehr stark ein. Am geringsten schätzen ihren Informationsbedarf Studenten und Rechtsanwälte ein.

Berufsgruppe	Informationsbedarf, um fachlich auf dem laufenden zu bleiben			
	sehr stark	stark	mittel	weniger
Gesamt	40%	34%	19%	5%
Richter	40%	42%	14%	2%
Staatsanwalt	36%	41%	20%	3%
Verwaltungsjurist	45%	38%	13%	3%
Rechtsanwalt	29%	33%	29%	5%
Steuerberater	53%	31%	11%	2%
Wirtschaftsprüfer	64%	22%	11%	2%
Professor	71%	14%	6%	1%
Assistent	69%	26%	4%	1%
Student	31%	31%	25%	11%
Referendar	31%	41%	22%	6%
Jurist im Angestelltenverhältnis, soweit nicht als Rechtsanwalt, Steuerberater oder Wirtschaftsprüfer zugelassen	40%	34%	22%	3%

Tab. 218

Gewicht der routinemäßigen und der problemorientierten Information

Untersuchungen des Informations- und Kommunikationsverhaltens – wie auch die Ergebnisse dieser Untersuchung – zeigen, daß die Suche nach routinemäßigen Informationen, um fachlich auf dem laufenden zu bleiben, ein anderes Vorgehen erfordert, als die Suche nach problemorientierten Informationen, die zur Lösung eines speziellen Falles benötigt werden. Tab. 224

Wenn man die gesamte juristische Information, die die Befragten erhalten, als 100% nimmt, ist der Anteil der problemorientierten und der routinemäßigen Information durchschnittlich etwa gleich groß.

Besonders stark ist der durchschnittliche Anteil der routinemäßigen Information bei Steuerberatern (66%), Wirtschaftsprüfern (64%), Juristen im Angestelltenverhältnis (57%), Rechtsanwälten (56%), Verwaltungsjuristen (54%) und Staatsanwälten (53%). Bei den Juristen der übrigen Fachrichtungen übersteigt der Anteil der problemorientierten Informationen die routinemäßige Information. Der durchschnittliche Anteil problemorientierter Informationen beträgt bei Assistenten 63%, Professoren 59%, Studenten 55%, Referendaren 55% und Richtern 54%.

Man muß allerdings beachten, daß der Prozentanteil der routinemäßigen und der problemorientierten Informationen auch innerhalb der einzelnen Berufsgruppen sehr stark streut und die unterschiedlichen Durchschnittswerte den Anteil der Informationen nur tendenziell wiedergeben.

Ein sehr starker Trend zur routinemäßigen Information zeigt sich bei Rechtsanwälten, Steuerberatern, Wirtschaftsprüfern und Juristen im Angestelltenverhältnis, die überwiegend Wiederholungsfälle bearbeiten.

Rechtsanwälte, Steuerberater, Wirtschaftsprüfer etc., die	überwiegend routinemäßige Information	überwiegend problemorientierte Information
	(Durchschnittlicher Prozentanteil)	
überwiegend Wiederholungsfälle	65%	36%
teils, teils	54%	46%
überwiegend neue Fälle bearbeiten	52%	49%

Juristen mit Priorität für schnelle Informationen erhalten im Durchschnitt einen höheren Prozentanteil routinemäßiger Informationen als Juristen mit Priorität für ausführliche Informationen. Tab. 227

Um ungefähr abschätzen zu können, wie groß der Anteil der Vorinformation bei Juristen ist, wurde nach dem durchschnittlichen Prozentanteil an Wiederholungsfällen und an neuen Fällen gefragt.

Sie wurden den Befragten definiert als „Wiederholungsfälle, die früheren Fällen in der beruflichen Praxis so sehr ähneln, daß zu ihrer rechtlichen Bearbeitung keine neuen juristischen Informationen beschafft werden müssen und als neue Fälle, in denen über die Formalien hinaus für die Prüfung der Rechtsprobleme neue Informationen erforderlich sind."

Durchschnittlich 57% der zu bearbeitenden Fälle sind Wiederholungsfälle und 36% sind neue Fälle. Bei Steuerberatern und Wirtschaftsprüfern steigt der Anteil an Wiederholungsfällen auf etwa 60%, bei Juristen im Angestelltenverhältnis sinkt der Anteil an Wiederholungsfällen auf 50%.

Folgerichtig ist auch der Anteil an Wiederholungsfällen bei Juristen mit mittlerem oder geringem Informationsbedarf, um fachlich auf dem laufenden zu bleiben und bei Juristen, die überwiegend Routine-Informationen benötigen, am größten.

Tab. 234

Juristen mit unterschiedlichem Informationsbedarf, um fachlich auf dem laufenden zu bleiben	Wiederholungsfälle	Neue Fälle
	(Durchschnittlicher Prozentanteil)	
sehr stark	52%	42%
stark	59%	35%
mittel, weniger	66%	27%
Juristen mit überwiegendem Bedarf an		
Routineinformationen	63%	30%
teils, teils	55%	38%
problemorientierten Informationen	47%	46%

32 Die gewünschte Wiedergabeform von Dokumentarten

Die einzelnen Dokumentarten werden je nach Nutzungszweck in unterschiedlichen Wiedergabeformen und unterschiedlicher Vollständigkeit benötigt.

Alle relevanten Dokumente in vollem Wortlaut werden am häufigsten für die Arbeit mit Gesetzen (89%), Verordnungen (74%) und Kommentaren (66%) gebraucht. Nur eine Auswahl der relevanten Doku-

Dokumentart	Gewünschte Wiedergabeformen aller relevanten oder einer Auswahl relevanter Dokumentarten		
	Volltext-ausgaben	Komprimate	Biblio-graphische Nachweise*)
Gesetze	98%	5%	2%
Verordnungen	91%	8%	3%
Verwaltungsrichtlinien	73%	10%	4%
Entscheidungen, veröffentlicht in amtlichen Sammlungen	76%	28%	4%
Entscheidungen, auf andere Art veröffentlicht	68%	33%	5%
Literaturrezensionen in Fachzeitschriften	47%	30%	10%
Entscheidungsrezensionen in Fachzeitschriften	57%	32%	9%
Wissenschaftliche Aufsätze in Fachzeitschriften	63%	29%	10%
Monographien	45%	21%	15%
Kommentare	83%	14%	6%
Lehrbücher	66%	13%	10%

*) Der angegebene Bedarf an bibliographischen Nachweisen relevanter Dokumentarten läßt sich nicht exakt interpretieren, da nachträglich nicht mehr festgestellt werden kann, ob die bibliographischen Nachweise als Suchhilfe zum Auffinden benötigter Dokumentarten oder als endgültige Informationen verstanden wurden.

Tab. 193–196

mente benötigen die Juristen häufig bei Entscheidungen (24%), wissenschaftlichen Aufsätzen in Fachzeitschriften (20%), und Entscheidungsrezensionen in Fachzeitschriften (20%).

Entscheidungen, die auf andere Art veröffentlicht wurden, Entscheidungsrezensionen in Fachzeitschriften und Literaturrezensionen in Fachzeitschriften genügen jedem dritten Juristen als Komprimate aller relevanten Dokumente oder als Komprimate einer Auswahl der relevanten Dokumente.

Ganz erheblich unterscheidet sich das Lehrpersonal der Hochschulen in seinem Bedarf an allen Dokumenten im vollen Wortlaut der benötigten Informationsarten von den übrigen Juristen. Drei Viertel der Professoren und Assistenten benötigt zur Problemlösung alle relevanten Dokumente in vollem Wortlaut. Nur Verordnungen und Verwaltungsrichtlinien werden häufiger von Verwaltungsjuristen, Steuerberatern und Wirtschaftsprüfern im vollen Wortlaut benötigt.

Ähnlich wie die Hochschulangehörigen legen die Juristen an höheren Gerichten und besonderen Gerichten Wert auf den vollen Wortlaut der relevanten Dokumente, während sich die Verwaltungsjuristen in Ministerien überdurchschnittlich häufig mit der Benutzung von Komprimaten zufrieden geben.

Gewünschte Wiedergabeformen von Dokumentarten

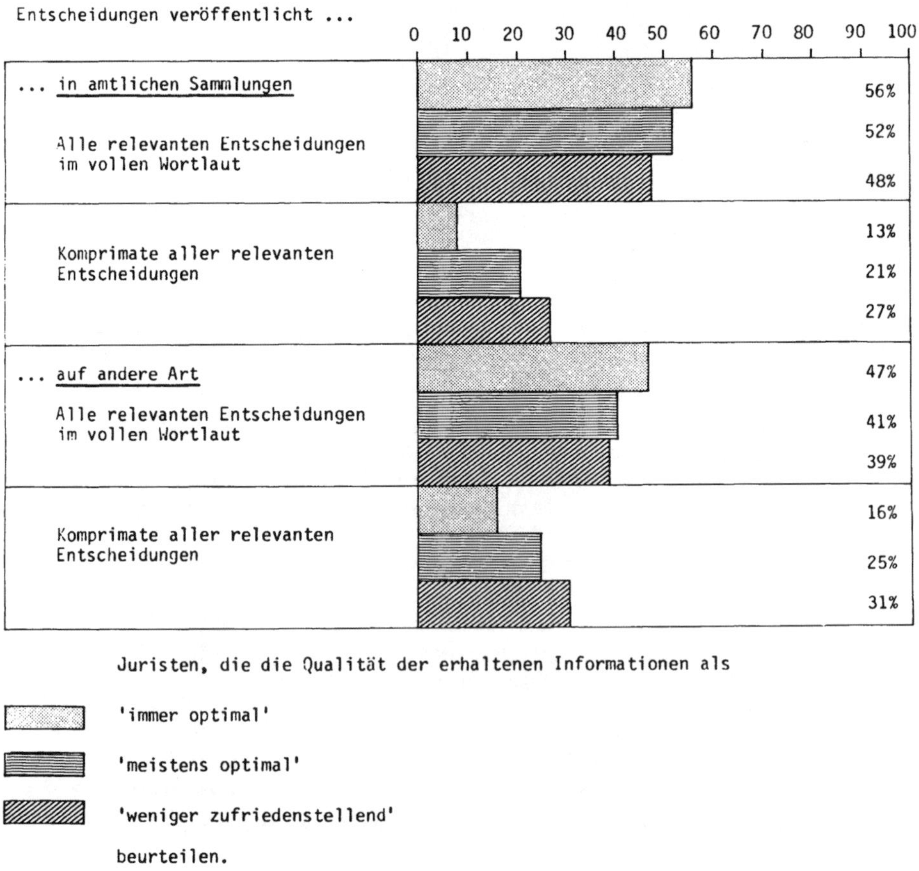

Gewünschte Wiedergabeformen von Dokumentarten

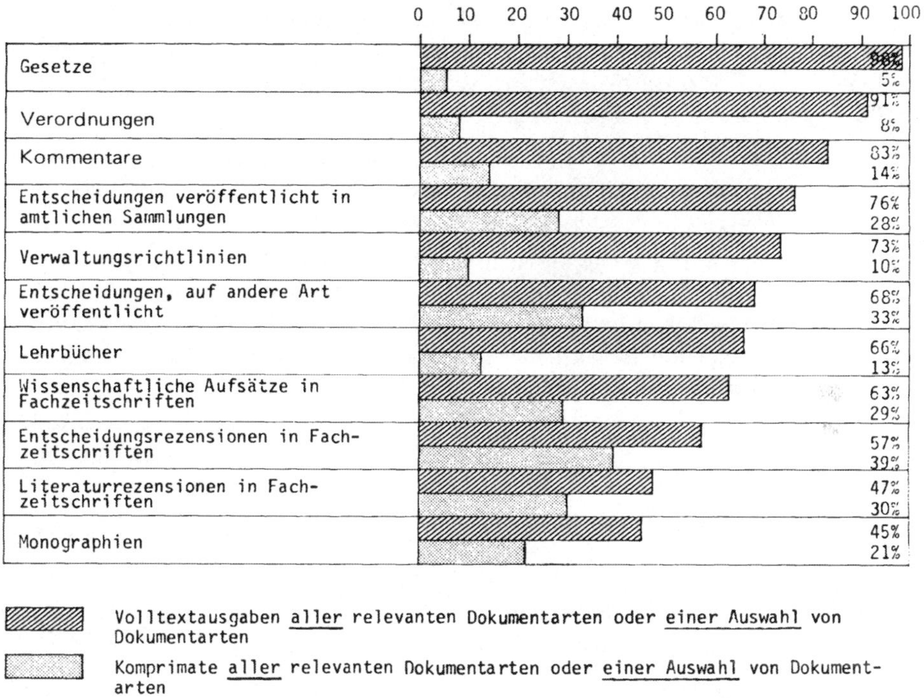

Formale Organisation	Volltext	Komprimate	Volltext	Komprimate
	aller relevanten Gesetze		aller relevanten Entscheidungen veröffentlicht in amtlichen Sammlungen	
Amtsgericht	85%	2%	56%	13%
Landgericht und höhere Instanzen	92%	2%	60%	16%
Besondere Gerichtsbarkeit	98%	–	75%	15%
Ministerium	84%	9%	44%	30%
Körperschaft des öffentlichen Rechts	91%	4%	47%	27%
Gemeinden	90%	2%	49%	17%

Vor allem Juristen mit sehr starkem Informationsbedarf arbeiten öfter mit den Volltextausgaben der relevanten Dokumente.

Die Gruppe der Juristen, die die Ergebnisse ihrer derzeitigen Informationssuche als optimal betrachtet, benötigt überdurchschnittlich häufig Entscheidungen in vollem Wortlaut, während die mit der Informations-
Tab. 205– qualität unzufriedenen Juristen häufiger Komprimate der relevanten
208 Entscheidungen benutzen.

Die These, daß häufige Benutzung von Komprimaten der benötigten Dokumente die Informationsqualität entscheidend verschlechtert, müßte noch genauer untersucht werden.

Die Annahme, daß Juristen mit Priorität für schnelle Informationen häufiger Komprimate und Juristen mit Priorität für ausführliche Informationen häufiger Volltextausgaben benutzen, bestätigt sich nur für Entscheidungsrezensionen und wissenschaftliche Aufsätze in Fachzeitschriften und Monographien.

Gewünschte Wiedergabeformen	Juristen mit Priorität für ... schnelle Informationen	Juristen mit Priorität für ... ausführliche Informationen
Entscheidungsrezensionen in Fachzeitschriften		
im vollen Wortlaut	52%	63%
Komprimate	36%	27%
Wissenschaftliche Aufsätze in Fachzeitschriften		
im vollen Wortlaut	57%	69%
Komprimate	34%	24%
Monographien		
im vollen Wortlaut	36%	53%
Komprimate	23%	19%

Tab. 214–217

33 Bedarf an Suchhilfen für eine optimale Suchpraxis

Neben der Häufigkeit und der Reihenfolge, mit der Juristen Hilfsmittel benutzen, um zu den benötigten Informationen zu gelangen, wurde auch erfaßt, in welcher Reihenfolge die Befragten die Such-

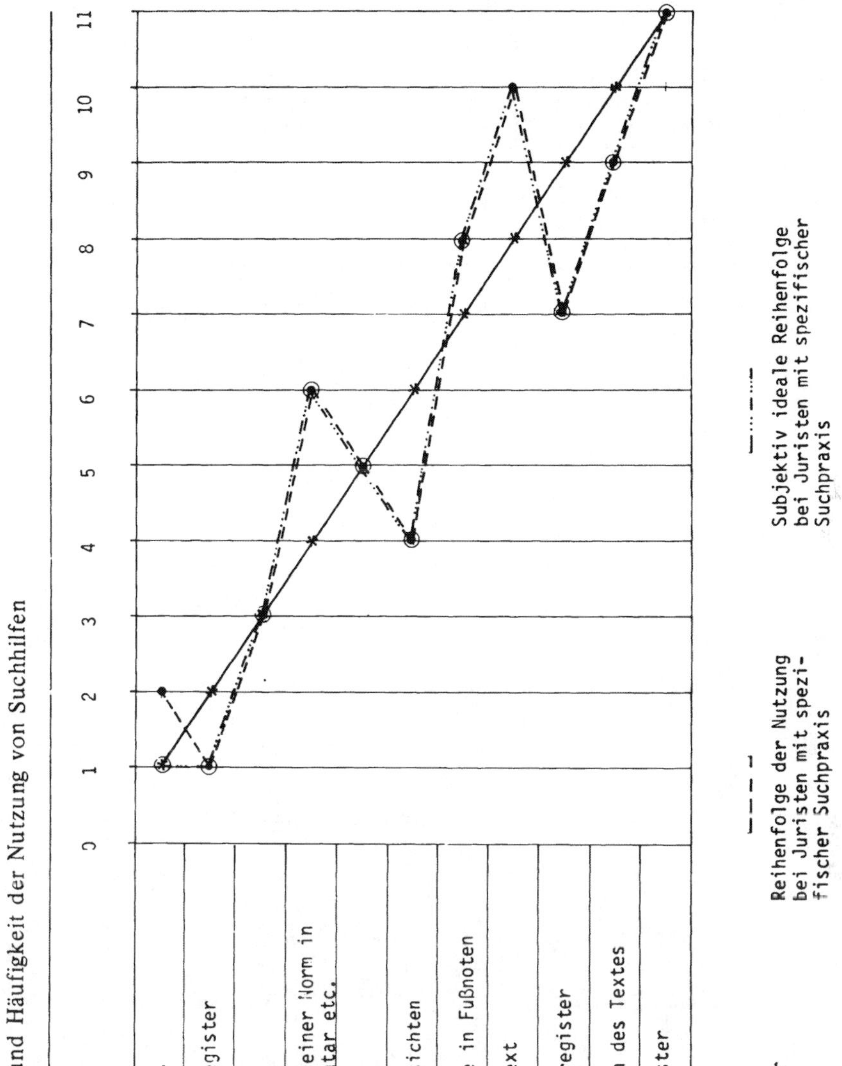

hilfen benutzen würden, wenn alle Hilfsmittel zur Verfügung stehen würden.

Das Ergebnis überrascht: Die subjektiv ideale Nutzung von Suchhilfen entspricht dem habitualisierten Suchverhalten. Auch wenn alle Suchhilfen zur Verfügung stehen, versprechen sich die Juristen keine Ver-

Hilfsmittel	Häufigkeit der Nutzung	Durchschnittswert +)	Reihenfolge der Nutzung	Durchschnittswert ++)	subjektiv ideale Reihenfolge	Durchschnittswert ++)
Sachregister	1	4,12	2	2,83	1	2,83
Schlagwortregister	2	4.00	1	2,81	1	2,83
Fundstellen	3	3,77	3	4,28	3	4,28
Erläuterungen einer Norm in einem Kommentar und wissenschaftlicher Aufsatz zu einem Thema in einer Fachzeitschrift	4	3,73	6	5,35	6	5,59
Leitsätze	5	3,51	5	5,04	5	5,14
Inhaltsübersichten	6	3,33	4	4,45	4	4,60
Querverweise in Fußnoten	7	3,07	8	6,10	8	6,47
Zitate im Text	8	2,81	10	7,04	10	7,16
Paragraphenregister	9	2,65	7	6,09	7	6,22
Gliederungen des Textes	10	2,62	9	6,93	9	7,09
Autorenregister	11	1,47	11	7,92	11	8,15

+) Durchschnittswertberechnung:
5 = sehr häufig
0 = sehr selten

++) Durchschnittswertberechnung:
aus der angegebenen Reihenfolge
1 bis 11

besserung des Sucherfolges durch eine modifizierte Nutzung gebräuchlicher Suchhilfen. Die Präferenzskalen des Informationsverhaltens und der Informationsbedürfnisse, die sich lerntheoretisch teilweise aus dem trial and error-Vorgehen entwickeln, hemmen die Phantasie, neue
Tab. 179 ungewohnte Wege in der Informationssuche einzuschlagen.

34 Gewünschte Schnelligkeit der Dokumentbereitstellung

Bei den Gruppendiskussionen mit Juristen, die zur Vorbereitung dieser Untersuchung durchgeführt worden waren, kristallisierten sich zwei Gruppen der zeitlichen Informationsbedürfnisse heraus.

Einmal waren es die Juristen, die kurzfristig Informationen benötigten, da sie ihre Entscheidungen nicht lange aufschieben konnten, zum anderen waren es Juristen, denen eine längere Zeit zur Problemlösung zur Verfügung stand.

Für eine dritte Gruppe bestanden die subjektiv idealen Informationsbelieferungen aus einer kurzfristigen Vorabinformation und einer späteren Volltextinformation.

Im Interview wurden die drei Gruppen beschrieben und die Befragten zur Identifikation aufgefordert (je näher der Durchschnittswert an 5 liegt, desto eher stimmen sie mit dem Typ überein, je näher er an 0 liegt, desto eher lehnen sie ihn ab).

A: ‚Ich habe in meinem Beruf kurzfristig Entscheidungen zu treffen. Wichtig ist für mich deshalb die Schnelligkeit, mit der ich Informationen erhalte'.

B: ‚Ich arbeite an diffizilen juristischen Problemlösungen, für die ich längere Zeit zur Verfügung habe. Wichtig ist für mich deshalb die Vollständigkeit allen einschlägigen Materials, auch wenn ich etwas länger darauf warten muß'.

C: ‚Für mich wäre es ideal, wenn ich kurzfristig eine komprimierte Information über das vorhandene Material erhalten könnte und ein bis zwei Wochen später das von mir ausgewählte Material im Volltext'.

Berufsgruppen	Durchschnittswert		
	A	B	C
Staatsanwalt	4,73	2,60	3,65
Jurist im Angestelltenverhältnis	4,28	2,75	3,46
Rechtsanwalt	4,23	2,82	3,59
Verwaltungsjurist	4,10	2,92	3,36
Richter	3,85	3,10	3,53
Steuerberater	3,83	3,00	3,60
Wirtschaftsprüfer	3,81	3,21	3,60
Referendar	3,36	3,28	3,85
Student	2,42	3,63	3,73
Professor	2,06	4,59	3,53
Assistent	1,97	4,55	3,51

Tab. 181–182

Tab. 181 Der Typ A scheint eine treffende Rollenbeschreibung für Staatsan-
Tab. 183 wälte (völlige Übereinstimmung 68%), Verwaltungsjuristen, Rechts-
anwälte und Juristen im Angestelltenverhältnis zu sein. Die Beschrei-
Tab. 187 bung trifft auch eher für Juristen an unteren Gerichten, Verwaltungs-
juristen in Gemeinden, für Juristen, die überwiegend Routine-Informa-
tion benötigen, für Juristen, die sehr oft, oft oder manchmal Fehl-
Tab. 189 schläge in der Informationssuche hinnehmen müssen und die 40- bis
Tab. 191 49jährigen zu.

Mit dem Typ B identifizieren sich besonders häufig Professoren (79%
völlige Übereinstimmung), Assistenten und Studenten, Juristen an
Tab. 181 höheren und besonderen Gerichten, Juristen mit sehr starkem Infor-
Tab. 183 mationsbedarf, Juristen, die überwiegend problemorientierte Informa-
Tab. 187 tionen benötigen und Juristen, die nie Fehlschläge in der Informations-
Tab. 189 suche hinnehmen müssen.

Der Typ C wird von etwa 80% der Juristen als subjektiv ideale Infor-
mationssituation angesehen. Für alle Berufsgruppen würde dies eine
Verbesserung in der Informationsversorgung bedeuten. Besonders stark
identifizieren sich mit dem Typ C Richter und Staatsanwälte an unte-
ren Gerichten, Hochschulangehörige und Referendare, Juristen, die
überwiegend neue Fälle bearbeiten, oder überwiegend problemorien-
tierte Information benötigen, oder einen sehr starken fachlichen Infor-
Tab. 182 mationsbedarf haben, Juristen, die sehr oft, oft oder manchmal Fehl-
Tab. 184 schläge in der Informationssuche hinnehmen müssen, weniger zufrie-
Tab. 188 den mit der Informationsqualität sind und nur einen geringen Anteil
Tab. 190 der gesuchten Information erhalten.

4 Einstellungen und Meinungen zu einer juristischen Datenbank

Die Einrichtung einer Informationsdatenbank wird als Ausweg aus der Informationskrise des Rechts gesehen.

‚Informationssysteme werden vorteilhaft eingesetzt, wenn Nachrichten aus vielen Quellen gesammelt und einer Vielzahl von Benutzern mehr oder weniger vorinterpretiert zugänglich gemacht werden sollen. Jede Benutzerinstanz wird dabei wünschen, daß die gespeicherten Nachrichten und der Strukturtyp der Datenbank ihrem Leitbild angepaßt sind‘[23].

Wie weit allerdings die Einstellungen und Meinungen über eine juristische Datenbank, die bei dem jetzigen Wissensstand der Befragten erfaßt wurden, genaue Aufschlüsse über das spätere Benutzerverhalten geben können, muß sorgfältig abgewogen werden, da ‚jede Verwendung elektronischer Anlagen strukturelle Wandlungen des Bereiches, dem die Vorteile solcher Maschinen zugute kommen, nach sich zieht‘ (Simitis) und sich das traditionelle juristische Informationsverhalten in mancher Beziehung verändern wird.

41 Vorkenntnisse der Juristen über den Einsatz von Datenbanken

Etwa jeder zweite Jurist ist der Meinung, daß Buchführungsarbeiten und die Speicherung von Informationen bereits jetzt im Rechtswesen von elektronischen Datenverarbeitungsanlagen übernommen werden. Jeder fünfte Jurist ist nicht über den Einsatz elektronischer Datenverarbeitung informiert. Dagegen haben schon 84% der Juristen von Plänen über die Einrichtung einer juristischen Informations-Datenbank gehört. Der Informationsgrad ist besonders hoch bei Professoren (99%) und besonders niedrig bei Studenten (73%). Wie sich bei den Gruppendiskussionen mit Juristen herausgestellt hat, gehen die Vorstellungen über die Arbeitsweise von Informationssystemen sehr weit auseinander. Teilweise werden die Möglichkeiten elektronischer Datenverarbeitung unterschätzt, teilweise bestehen Vorstellungen permanenter Informations- und Kommunikationsmöglichkeiten, in denen Tab. 295
Raum und Zeit aufgehoben sind. Tab. 286

[23] Das juristische Informationssystem – Bericht der Projektgruppe BMJ/GMD/C-E-I-R, Januar 1972, Seite 33.

42 Erwartungen an die Speicherung von Informationen in einer Datenbank, deren Aufbereitungsart und Vollständigkeit

Zentrales Problem beim Aufbau einer Datenbank ist die Frage, welche Informationen in der Datenbank gespeichert werden sollen und in welcher Aufbereitungsart diese Informationen gespeichert werden sollen, um den Benutzern eine rasche und eindeutige Informationsgewinnung zu ermöglichen.

‚Eine Vielzahl von Gesetzen und besonders Verordnungen sind so spezieller Natur, daß sie Justiz, Anwaltschaft, Hochschule oder allgemeine Verwaltung nur in Ausnahmefällen beschäftigen. Eigentlicher Nutznießer derartiger Speicherungen wären nur Spezialisten der jeweiligen juristischen Fachrichtungen. . . . Aufgabe der Projektoren der Datenbank sollte es daher sein, durch Benutzerforschung den potentiellen Marktbedarf für die zu speichernden Gesetze und Verordnungen festzustellen. Erst ab einem gewissen allgemeinen Interesse sollte eine Volltextspeicherung außer Diskussion sein‘[24].

Den Befragten wurde eine Liste mit acht Informationsarten unterschiedlicher Vollständigkeit und Aufbereitungsart vorgelegt. Anhand
Tab. 297–312 einer Skala sollten sie einstufen, für wie wichtig sie die Speicherung einzelner Informationsarten in einer juristischen Datenbank halten.

Rangfolge der gewünschten Speicherung der einzelnen Informationsquellen, deren Aufbereitungsart und Vollständigkeit

Informationsquelle	Durchschnittswert*)
Fundstellenangabe zu allen Entscheidungen	4,29
Fundstellenangabe zu allen Gesetzen	4,26
Fundstellenangabe zu allen Kommentaren	4,15
Fundstellenangabe zu allen Verordnungen	4,09
Fundstellenangabe zu allen Beiträgen in Fachzeitschriften	4,07
Alle Entscheidungen in Leitsätzen	3,85

*) Durchschnittswertberechnung, 5 = sehr wichtig, 0 = völlig unwichtig.

[24] Bürck, Der Betrieb 1972, Nr. 7, Seite 321.

Informationsquelle	Durchschnittswert*)
Fundstellenangabe zu allen Verwaltungsrichtlinien	3,76
Fundstellenangabe zu allen Lehrbüchern	3,56
Alle Gesetze in vollem Wortlaut	3,46
Fundstellenangabe zu allen Monographien	3,44
Alle Verordnungen in vollem Wortlaut	3,20
Alle Entscheidungen in vollem Wortlaut	3,14
Alle Beiträge in Fachzeitschriften als Komprimate	2,84
Alle Verwaltungsrichtlinien in vollem Wortlaut	2,81
Fundstellenangabe zu einer Auswahl von Beiträgen in Fachzeitschriften	2,47
Alle Kommentare in vollem Wortlaut	2,46
Eine Auswahl von Entscheidungen in vollem Wortlaut	2,33
Alle Verwaltungsrichtlinien als Komprimate	2,29
Fundstellenangabe zu einer Auswahl von Entscheidungen	2,29
Fundstellenangabe zu einer Auswahl von Kommentaren	2,29
Eine Auswahl von Beiträgen in Fachzeitschriften als Komprimate	2,26
Eine Auswahl von Entscheidungen in Leitsätzen	2,23
Alle Kommentare als Komprimate	2,21
Alle Verordnungen als Komprimate	2,21
Fundstellenangabe zu einer Auswahl von Lehrbüchern	2,16
Eine Auswahl von Beiträgen in Fachzeitschriften im vollen Wortlaut	2,14
Fundstellenangabe zu einer Auswahl von Monographien	2,08
Alle Gesetze als Komprimate	2,06
Alle Monographien als Komprimate	2,05
Alle Beiträge in Fachzeitschriften im vollen Wortlaut	1,99
Fundstellenangabe zu einer Auswahl von Verwaltungsrichtlinien	1,93
Fundstellenangabe zu einer Auswahl von Verordnungen	1,92
Eine Auswahl von Kommentaren im vollen Wortlaut	1,91
Fundstellenangabe zu einer Auswahl von Gesetzen	1,88
Eine Auswahl von Kommentaren als Komprimate	1,83
Alle Lehrbücher als Komprimate	1,81
Eine Auswahl von Monographien als Komprimate	1,77
Eine Auswahl von Verordnungen im vollen Wortlaut	1,71

*) Durchschnittswertberechnung, 5 = sehr wichtig, 0 = völlig unwichtig.

Informationsquelle	Durchschnittswert*)
Eine Auswahl von Verwaltungsrichtlinien im vollen Wortlaut	1,70
Eine Auswahl von Lehrbüchern als Komprimate	1,65
Eine Auswahl von Monographien im vollen Wortlaut	1,57
Eine Auswahl von Verwaltungsrichtlinien als Komprimate	1,56
Eine Auswahl von Gesetzen im vollen Wortlaut	1,54
Eine Auswahl von Lehrbüchern im vollen Wortlaut	1,48
Eine Auswahl von Verordnungen als Komprimate	1,45
Alle Monographien im vollen Wortlaut	1,38
Alle Lehrbücher im vollen Wortlaut	1,38
Eine Auswahl von Gesetzen als Komprimate	1,36

*) Durchschnittswertberechnung, 5 = sehr wichtig, 0 = völlig unwichtig.

Die am häufigsten gewünschte Speicherung juristischer Informationen in einer Datenbank, ist die Aufnahme von Fundstellen zu allen genannten Informationsarten. Die Speicherung der Fundstellenangaben zu allen Entscheidungen halten 68% der Juristen für sehr wichtig und sogar die Speicherung der Fundstellenangaben zu allen Monographien, der Informationsart, die die Juristen an die letzte Stelle der Prioritätenliste gesetzt haben, halten noch 43% der Juristen für sehr wichtig.

Die gewünschte Speicherung aller Aufbereitungsarten von Entscheidungen entspricht einmal der starken Bedeutung der Entscheidungen für die fachliche Information und zum anderen den Schwierigkeiten bei der jetzigen Suchpraxis, Entscheidungen, die nicht in amtlichen Sammlungen veröffentlicht wurden, zu finden und der Hoffnung, den langen Zeitraum zwischen Entscheidung und Veröffentlichung durch die Speicherung in einer Datenbank verkürzen zu können.

Die Forderung nach der Aufnahme aller Gesetze in vollem Wortlaut entspricht zwar der Bedeutung der Gesetze für die Arbeit des Juristen, nicht aber den geringen Schwierigkeiten bei der Suche nach Gesetzen.

Die Speicherung einer Auswahl der vorgegebenen Informationsarten, gleichgültig in welcher Aufbereitungsart, wird von den meisten Juristen abgelehnt.

Jeder zwanzigste Jurist, allerdings jeder fünfte Professor, wünscht zusätzlich die Aufnahme statistischer Daten in die Datenbank. Zusätzlich wurde noch die Aufnahme soziologischer Fakten, aktueller Gesetzesvorlagen, medizinischer Fakten, Wirtschaftsdaten und Gutachten gefordert. 82% sind allerdings der Meinung, daß keine weiteren Daten gespeichert werden müssen.

Typologisierung[25] der Benutzerbedürfnisse bezüglich der Speicherung juristischer Informationen unterschiedlicher Aufbereitungsart und Vollständigkeit in einer Datenbank

Es wurden 53 aktive Variable eingegeben, von denen 5 Variable die gewünschte Zugriffgeschwindigkeit zur Information aus der Datenbank und 48 Variable die gewünschte Speicherung von 8 juristischen Informationen in unterschiedlicher Vollständigkeit und Aufbereitungsart beschreiben. Zu gleichen Typen wurden die Juristen zusammengefaßt, die die Speicherung der einzelnen Informationsquellen in eine Datenbank anhand der vorgegebenen Skala möglichst gleich beurteilen und gleiche Zugriffsgeschwindigkeit wünschten.

Als passive Variable wurden für die in der gewählten Interpretationsebene gebildeten 8 Typen alle Teilgruppen[26] ausgezählt, die auch in der tabellarischen Auswertung untersucht worden waren.

Zusätzlich wurden für die 8 Benutzertypen die Durchschnittswerte der Beurteilung der Informationsspeicherung in einer Datenbank, der Bedeutung von 11 Informationsarten für das aktuelle Informationsverhalten, der Häufigkeit der Hilfsmittelnutzung bei der Suche nach juristischen Informationen und der Bedeutung einzelner Informationsquellen, um fachlich auf dem laufenden zu bleiben, berechnet.

Beschreibung der 8 Benutzertypen anhand der aktiven Variablen

Die einzelnen Typen umfassen zwischen 7% und 19% der Juristen

Typ 1	12%
Typ 2	11%
Typ 3	13%
Typ 4	7%
Typ 5	13%
Typ 6	19%
Typ 7	11%
Typ 8	14%

25 Ausführliche Methodenbeschreibung im Anhang (53).
26 Beschreibung der untersuchten Teilgruppen im Anhang (52).

Beurteilung von Informationsquellen, deren Aufbereitungsart und Vollständigkeit für die Speicherung in einer Datenbank

	Gesamt	Typ 1	2	3	4	5	6	7	8
Alle Gesetze im vollen Wortlaut	3,46	1,90	2,81	4,03	3,67	3,38	3,41	3,82	3,94
Alle Gesetze als Komprimate	2,06	0,52	1,28	1,27	1,74	1,93	2,59	2,19	3,54
Fundstellenangabe zu allen Gesetzen	4,26	3,22	4,07	4,13	4,28	4,17	4,27	4,37	4,54
Eine Auswahl von Gesetzen im vollen Wortlaut	1,54	0,26	0,27	0,26	0,71	1,77	2,28	1,86	3,24
Eine Auswahl von Gesetzen als Komprimate	1,36	0,32	0,32	0,15	0,79	1,26	2,07	1,33	3,13
Fundstellenangabe zu einer Auswahl von Gesetzen	1,88	0,79	0,80	0,38	1,35	1,78	2,61	1,98	3,75
Alle Verordnungen im vollen Wortlaut	3,20	1,65	2,47	3,61	3,30	3,17	3,27	3,46	3,71
Alle Verordnungen als Komprimate	2,21	0,58	1,57	1,52	1,71	2,08	2,73	2,23	3,74
Fundstellenangabe zu allen Verordnungen	4,09	3,06	3,91	3,96	3,89	4,08	4,06	4,23	4,29
Eine Auswahl von Verordnungen im vollen Wortlaut	1,71	0,29	0,38	0,38	0,87	1,96	2,46	2,00	3,53
Eine Auswahl von Verordnungen als Komprimate	1,45	0,33	0,31	0,29	0,89	1,34	2,13	1,16	3,61
Fundstellenangabe zu einer Auswahl von Verordnungen	1,92	0,65	0,86	0,45	1,51	1,95	2,61	1,99	3,79
Alle Verwaltungsrichtlinien im vollen Wortlaut	2,81	1,18	2,17	3,22	2,37	2,78	2,94	3,04	3,37
Alle Verwaltungsrichtlinien als Komprimate	2,29	0,52	1,68	1,56	1,46	2,44	2,69	2,55	3,60
Fundstellenangabe zu allen Verwaltungsrichtlinien	3,76	2,72	3,39	3,66	2,91	3,75	3,89	3,89	4,08
Eine Auswahl von Verwaltungsrichtlinien im vollen Wortlaut	1,70	0,00	0,00	0,00	0,00	2,66	2,51	2,71	3,28
Eine Auswahl von Verwaltungsrichtlinien als Komprimate	1,56	0,35	0,23	0,21	0,20	1,66	2,29	2,03	3,42
Fundstellenangabe zu einer Auswahl von Verwaltungsrichtlinien	1,93	0,76	0,64	0,31	0,82	2,19	2,64	2,40	3,56
Alle Entscheidungen im vollen Wortlaut	3,14	1,18	2,23	3,62	3,52	3,07	3,36	3,32	3,74
Alle Entscheidungen in Leitsätzen	3,85	2,24	3,88	3,51	3,88	3,73	3,91	4,27	4,30
Fundstellenangabe zu allen Entscheidungen	4,29	3,03	4,17	4,15	4,21	4,24	4,32	4,47	4,51
Eine Auswahl von Entscheidungen im vollen Wortlaut	2,33	0,66	1,31	0,96	2,10	2,30	2,83	3,22	3,80
Eine Auswahl von Entscheidungen in Leitsätzen	2,23	0,79	1,08	0,59	2,13	2,08	2,85	2,94	3,94
Fundstellenangabe zu einer Auswahl von Entscheidungen	2,29	0,98	1,16	0,54	2,34	2,06	2,94	3,02	3,90

Durchschnittswertberechnung:
0 = völlig unwichtig; 5 = sehr wichtig

Beurteilung von Informationsquellen, deren Aufbereitungsart und Vollständigkeit für die Speicherung in einer Datenbank

	Gesamt	Typ 1	2	3	4	5	6	7	8
Alle Beiträge in Fachzeitschriften im vollen Wortlaut	1,99	0,29	1,13	2,24	2,29	1,80	2,13	2,11	2,93
Alle Beiträge in Fachzeitschriften als Komprimate	2,84	0,00	3,94	2,73	2,78	2,58	3,07	2,99	3,65
Fundstellenangabe zu allen Beiträgen in Fachzeitschriften	4,07	3,07	4,13	4,09	3,79	4,00	4,05	4,11	4,12
Eine Auswahl von Beiträgen in Fachzeitschriften im vollen Wortlaut	2,14	0,53	1,01	0,92	2,05	2,00	2,58	3,34	3,47
Eine Auswahl von Beiträgen in Fachzeitschriften als Komprimate	2,26	0,72	1,31	0,86	2,25	1,87	2,81	3,25	3,72
Fundstellenangabe zu einer Auswahl von Beiträgen in Fachzeitschriften	2,47	1,25	1,38	0,62	2,75	2,25	3,09	3,23	3,89
Alle Monographien im vollen Wortlaut	1,33	0,12	0,49	1,48	1,77	1,09	1,46	1,56	2,35
Alle Monographien als Komprimate	2,05	0,32	1,93	1,97	2,13	1,59	1,93	2,56	3,11
Fundstellenangabe zu allen Monographien	3,44	2,59	3,63	3,26	2,98	3,33	3,00	3,73	3,78
Eine Auswahl von Monographien im vollen Wortlaut	1,57	0,26	0,54	0,61	1,55	1,28	1,78	2,69	2,86
Eine Auswahl von Monographien als Komprimate	1,77	0,46	0,97	0,42	2,00	1,16	2,00	2,99	3,30
Fundstellenangabe zu einer Auswahl von Monographien	2,03	1,02	1,18	0,51	2,57	1,53	2,36	2,43	3,55
Alle Lehrbücher im vollen Wortlaut	1,33	0,03	0,08	1,44	2,03	1,11	1,44	1,79	2,62
Alle Lehrbücher als Komprimate	1,81	0,16	0,92	1,93	2,20	1,18	1,67	2,45	3,32
Fundstellenangabe zu allen Lehrbüchern	3,56	2,48	3,44	3,34	3,77	3,29	3,20	4,02	4,13
Eine Auswahl von Lehrbüchern im vollen Wortlaut	1,43	0,28	0,37	0,57	1,90	0,87	1,45	2,69	3,18
Eine Auswahl von Lehrbüchern als Komprimate	1,65	0,44	0,64	0,44	2,16	0,47	1,37	3,63	3,70
Fundstellenangabe zu einer Auswahl von Lehrbüchern	2,16	1,12	1,20	0,56	2,82	1,40	2,21	3,41	3,87
Alle Kommentare im vollen Wortlaut	2,46	0,00	0,00	4,22	3,77	1,92	2,76	2,88	3,33
Alle Kommentare als Komprimate	2,21	0,39	1,53	1,63	2,78	1,19	2,86	2,87	3,55
Fundstellenangabe zu allen Kommentaren	4,15	3,08	3,86	4,22	4,53	3,70	4,22	4,30	4,43
Eine Auswahl von Kommentaren im vollen Wortlaut	1,91	0,51	0,50	0,47	2,86	0,98	2,51	3,24	3,49
Eine Auswahl von Kommentaren als Komprimate	1,83	0,40	0,70	0,27	2,39	0,41	2,71	3,19	3,65
Fundstellenangabe zu einer Auswahl von Kommentaren	2,23	1,07	1,13	0,13	3,78	1,38	3,05	3,24	3,86

Durchschnittswertberechnung:

0 = völlig unwichtig; 5 = sehr wichtig

Beurteilung von Informationsquellen, deren Aufbereitungsart und Vollständigkeit für die Speicherung in einer Datenbank

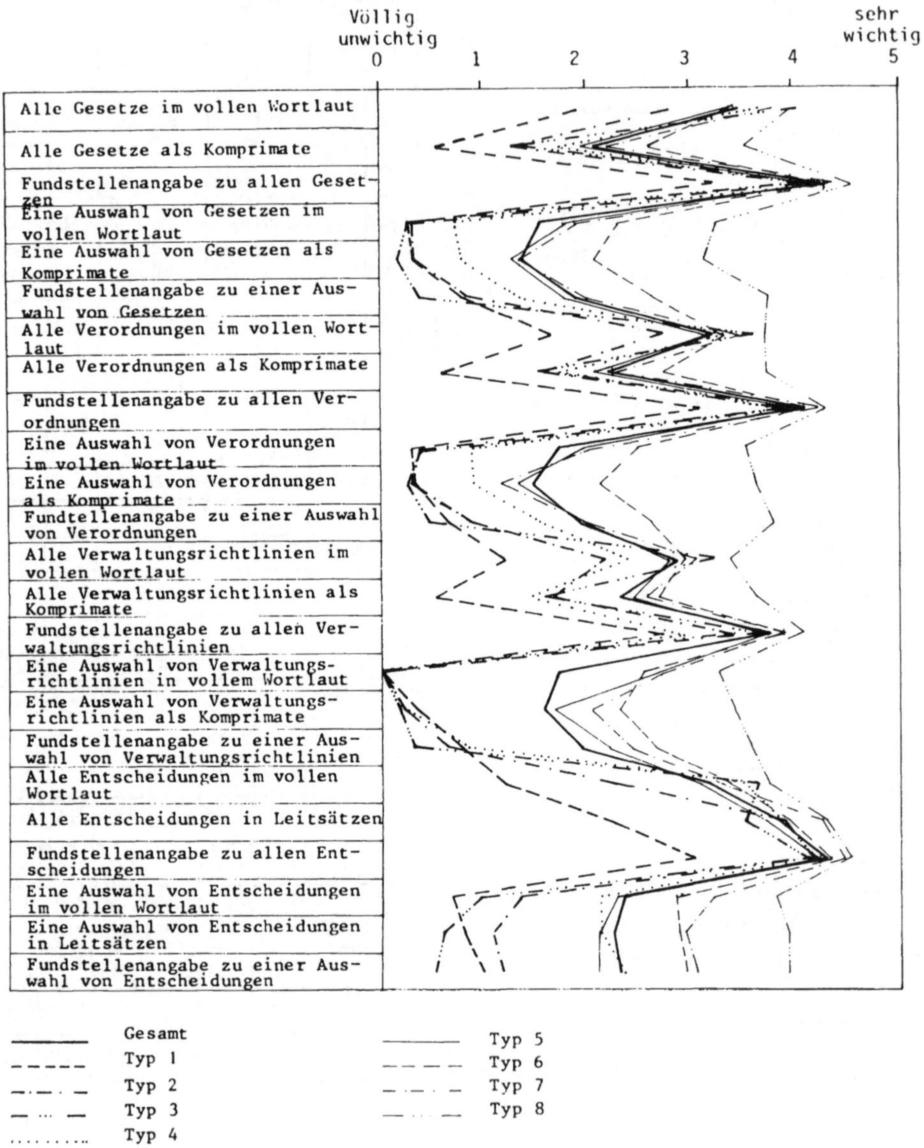

Beurteilung von Informationsquellen, deren Aufbereitungsart und Vollständigkeit für die Speicherung in einer Datenbank

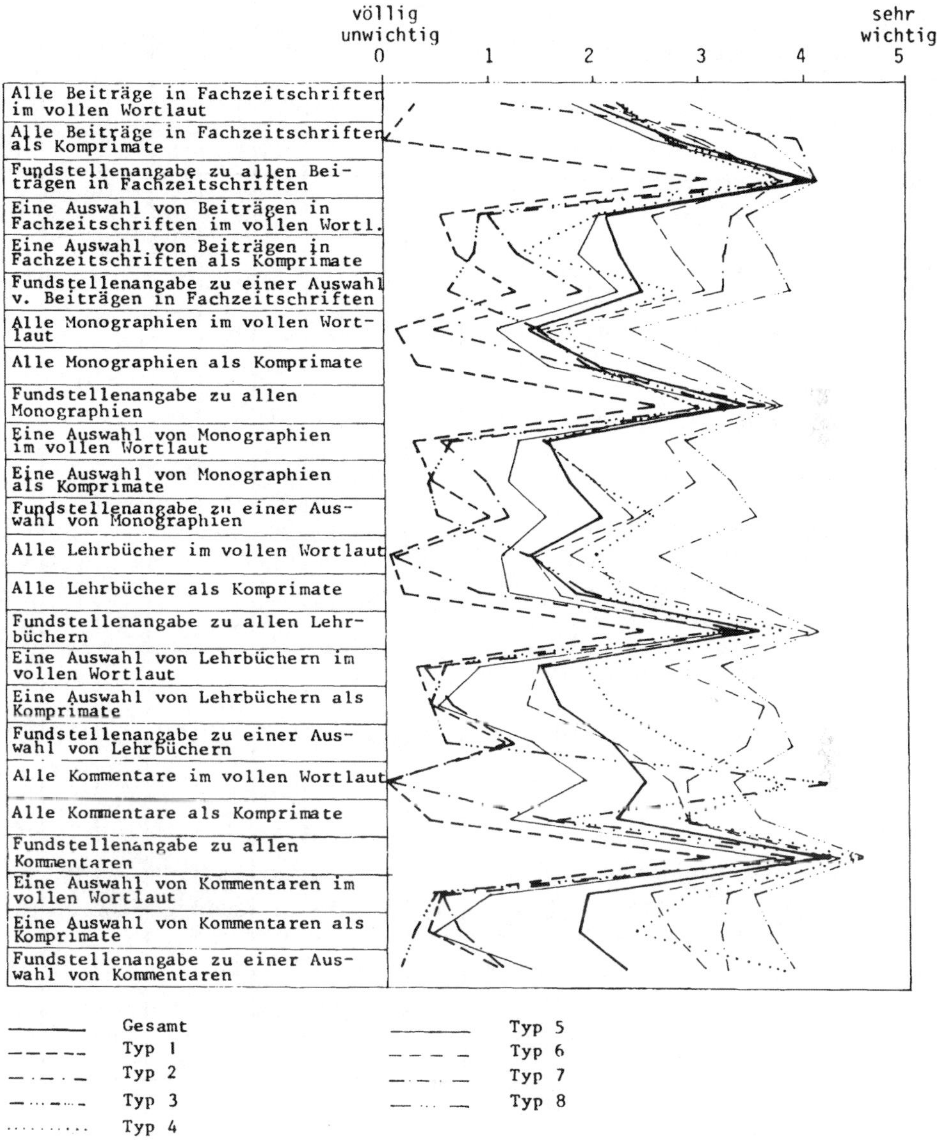

Rangfolge der acht wichtigsten Informationsquellen Typ

	1	2	3	4	5	6	7	8
Alle Gesetze im vollen Wortlaut			6		8	8		
Alle Gesetze als Komprimate								
Fundstellenangabe zu allen Gesetzen	1	3	4	2	2	2	2	1
Eine Auswahl von Gesetzen im vollen Wortlaut								
Eine Auswahl von Gesetzen als Komprimate								
Fundstellenangabe zu einer Auswahl von Gesetzen								
Alle Verordnungen im vollen Wortlaut								
Alle Verordnungen als Komprimate								
Fundstellenangabe zu allen Verordnungen	4	5	7	4	3	4	5	5
Eine Auswahl von Verordnungen im vollen Wortlaut								
Eine Auswahl von Verordnungen als Komprimate								
Fundstellenangabe zu einer Auswahl von Verordnungen								
Alle Verwaltungsrichtlinien im vollen Wortlaut								
Alle Verwaltungsrichtlinien als Komprimate								
Fundstellenangabe zu allen Verwaltungsrichtlinien	6		8		5	7	8	8
Eine Auswahl von Verwaltungsrichtlinien in vollem Wortlaut								
Eine Auswahl von Verwaltungsrichtlinien als Komprimate								
Fundstellenangabe zu einer Auswahl von Verwaltungsrichtlinien								
Alle Entscheidungen im vollen Wortlaut								
Alle Entscheidungen in Leitsätzen		6		5	6	6	4	4
Fundstellenangabe zu allen Entscheidungen	5	1	3	3	1	1	1	2
Eine Auswahl von Entscheidungen im vollen Wortlaut								
Eine Auswahl von Entscheidungen in Leitsätzen								
Fundstellenangabe zu einer Auswahl von Entscheidungen								

Rangfolge der acht wichtigsten Informationsquellen: Typ

	1	2	3	4	5	6	7	8
Alle Beiträge in Fachzeitschriften im vollen Wortlaut								
Alle Beiträge in Fachzeitschriften als Komprimate		4						
Fundstellenangabe zu allen Beiträgen in Fachzeitschriften	3	2	5	6	4	5	6	7
Eine Auswahl von Beiträgen in Fachzeitschriften im vollen Wortlaut								
Eine Auswahl von Beiträgen in Fachzeitschriften als Komprimate								
Fundstellenangabe zu einer Auswahl von Beiträgen in Fachzeitschriften								
Alle Monographien im vollen Wortlaut								
Alle Monographien als Komprimate								
Fundstellenangabe zu allen Monographien	7	8						
Eine Auswahl von Monographien im vollen Wortlaut								
Eine Auswahl von Monographien als Komprimate								
Fundstellenangabe zu einer Auswahl von Monographien								
Alle Lehrbücher im vollen Wortlaut								
Alle Lehrbücher als Komprimate								
Fundstellenangabe zu allen Lehrbüchern	8			8			7	6
Eine Auswahl von Lehrbüchern im vollen Wortlaut								
Eine Auswahl von Lehrbüchern als Komprimate								
Fundstellenangabe zu einer Auswahl von Lehrbüchern								
Alle Kommentare in vollem Wortlaut			1	8				
Alle Kommentare als Komprimate								
Fundstellenangabe zu allen Kommentaren	2	7	1	1	7	3	3	3
Eine Auswahl von Kommentaren im vollen Wortlaut								
Eine Auswahl von Kommentaren als Komprimate								
Fundstellenangabe zu einer Auswahl von Kommentaren				7				

Am stärksten waren an der Bildung der Typen die Variablen ‚eine Auswahl von Verordnungen als Komprimate', ‚eine Auswahl von Verwaltungsrichtlinien im vollen Wortlaut', ‚alle Beiträge in Fachzeitschriften als Komprimate', ‚eine Auswahl von Lehrbüchern als Komprimate', ‚alle Kommentare im vollen Wortlaut', ‚eine Auswahl von Kommentaren als Komprimate' und ‚Fundstellenangabe zu einer Auswahl von Kommentaren' beteiligt.

Die Beurteilung der notwendigen Zugriffsgeschwindigkeit zu Informationen aus der Datenbank hat bei der Typenbildung kaum eine Rolle gespielt.

Die *Typen 2 bis 7* werden flankiert von zwei Extremtypen, den Pessimisten des *Typs 1,* die nur die Speicherung einiger Fundstellenangaben schwach befürworten und den Optimisten des *Typs 8,* die nur die Speicherung von Beiträgen in Fachzeitschriften, Monographien und Lehrbüchern im vollen Wortlaut nicht so positiv beurteilen.

Zwischen diesen beiden extremen Beurteilungen liegen die anderen Typen, unter denen vor allem die *Typen 4 und 6* durch ihre häufige indifferente Beurteilung der Speicherung von Informationsquellen, das heißt einer Skaleneinstufung zwischen 2,0 und 3,0, die weder dem positiven noch dem negativen Bereich zugeordnet werden kann, auffallen.

Betrachtet man die 8 für die Speicherung wichtigsten Informationsquellen, bemerkt man eine starke Übereinstimmung zwischen den 8 Typen.

Auch bei unterschiedlichem Bedarf an Informationen aus der Datenbank werden die 8 wichtigsten Informationsquellen aus 13 von insgesamt 48 Informationsquellen ausgewählt. Die 13 Variablen sind die Fundstellen der Informationsquellen, die Leitsätze zu allen Entscheidungen, alle Gesetze und Kommentare in vollem Wortlaut und die Beiträge in Fachzeitschriften als Komprimate.

Die Speicherung aller Kommentare in vollem Wortlaut wird vor allem von *Typ 3 und 4,* der Beiträge in Fachzeitschriften als Komprimate von *Typ 2* gefordert.

Unterschiede in der Beurteilung der Speicherung von Informationsquellen ergeben sich demnach nicht aus der Rangfolge der wichtigsten Informationsquellen, sondern aus der Stärke, mit der die Speicherung gefordert wird und der Anzahl der Informationsquellen, deren Speicherung befürwortet wird.

Bei einer differenzierten Beurteilung der Einstufungen auf der Skala von 0 = völlig unwichtig bis 5 = sehr wichtig bezüglich der Speicherung von Informationsquellen in einer juristischen Datenbank, zeigt sich, daß die Juristen des *Typs 1* alle 48 Variablen überdurchschnittlich häufig als völlig unwichtig eingestuft haben, die Juristen des *Typs 2* überdurchschnittlich häufig die Speicherung ausgewählter Informationsquellen als völlig unwichtig und die Speicherung von Fundstellenangaben als sehr wichtig beurteilt haben, die Juristen des *Typs 3* überdurchschnittlich häufig die Speicherung ausgewählter Informationsquellen ablehnen und die Speicherung von Volltextausgaben und Fundstellenangaben befürworten, die Juristen des *Typs 4* überdurchschnittlich häufig eine Volltextausgabe befürworten, die Juristen der *Typen 5 und 6* überdurchschnittlich häufig einen Skalenwert in der Mitte zwischen 0 und 5 angeben, die Juristen des *Typs 7* die Speicherung ausgewählter Informationsquellen überdurchschnittlich häufig befürworten und die Juristen des *Typs 8* die Speicherung aller Variablen überdurchschnittlich häufig im positiven Skalenbereich einstufen.

Beschreibung der 8 Benutzertypen anhand der passiven Variablen

Im *Typ 1* sind überdurchschnittlich häufig Richter 14% (5%)[27] und Juristen im Angestelltenverhältnis 11% (4%) vertreten.

Die im *Typ 1* vertretenen Richter, Staatsanwälte und Verwaltungsjuristen gehören eher der unteren hierarchischen Ebene an 25% (5%). Die Juristen dieses Typs sind häufiger Strafrechtler 11% (3%) und Steuer- und Versicherungsrechtler 14% (3%). Außerdem sind sie überdurchschnittlich häufig Männer 94% (3%). Die Juristen des *Typs 1* gehören auch eher zur älteren Generation. 23% (5%) sind zwischen 40 und 49 Jahre alt, 28% (9%) sind 50 Jahre oder älter. In ihrem Informationsbedarf sind sie überwiegend auf Routineinformationen angewiesen 40% (4%), die Qualität der Informationen halten 21% (5%) des *Typs 1* für immer optimal, 34% (8%) behaupten, fast alle gesuchten Informationen auch wirklich zu erhalten. Aus dem Grund klagen auch 35% (4%) des *Typs 1* nie über Fehlschläge in der Informationssuche. 17% (4%) delegieren die Suche nach Informationen regelmäßig an ihre Mitarbeiter und sind auch mit den Ergebnissen der Delegation zufriedener als die Juristen der anderen Typen. In der Beurteilung der Informationen aus der Datenbank sind sie häufiger als alle anderen Juristen der Meinung, daß diese Informationen nicht besser seien, als Informationen aus der gegenwärtigen Informationspraxis 27% (7%). Sie sehen auch am seltensten die Gefahr der Manipulation durch eine juristische Informationsdatenbank 44% (6%).

Im *Typ 2* befinden sich etwas mehr Richter, Staatsanwälte und Verwaltungsjuristen der höheren hierarchischen Ebene 9% (3%) als in den anderen Typen. Etwas stärker sind auch die Staats- und Verwaltungsrechtler 18% (5%) und die Juristen, die als Spezialgebiet bürgerliches

---

[27] Die Angaben in der Klammer beschreiben die positive Abweichung vom Merkmalsmittelwert für alle Juristen.

Recht angegeben haben 13% (4%), vertreten. 49% (5%) arbeiten in Großstädten mit mehr als 500 000 Einwohnern, 10% (4%) sind Berliner. Überdurchschnittlich stark sind in diesem Typ die 30- bis 39jährigen 36% (4%) vertreten. In ihrem Informationsverhalten unterscheiden sich die Juristen dieses Typs dadurch, daß sie einen überdurchschnittlich starken Informationsbedarf haben 50% (10%), überwiegend problemorientierte Informationen benötigen 45% (4%), eine ausführliche Information 41% (7%) einer schnellen Information vorziehen. Die Ergebnisse der derzeitigen Suchpraxis bringen nicht immer optimale Informationen 64% (3%) und 38% (8%) erhalten nur zwischen 60% und 80% der gesuchten problemorientierten Informationen. Auch mit der Informationssuche durch Mitarbeiter sind die Juristen dieses Typs überdurchschnittlich häufig nicht zufrieden 11% (4%). Wie die Juristen des *Typs 1* halten sie die Informationen aus der Datenbank nicht für besser als die Informationen, die sie in der jetzigen Suchpraxis erhalten 27% (7%). Allerdings sehen sie etwas häufiger die Gefahr der Manipulation durch eine Datenbank 19% (3%).

Überdurchschnittlich häufig befinden sich in *Typ 3* Steuerberater 23% (6%) und Rechtsanwälte, Steuerberater und Wirtschaftsprüfer in großen Kanzleien 28% (4%). Diesem Typ werden auch häufiger Frauen 15% (6%) und Norddeutsche 26% (8%) zugeordnet. Sie bearbeiten etwas häufiger Wiederholungsfälle 27% (4%), 43% (3%) haben einen sehr starken Informationsbedarf, erhalten aber auch überdurchschnittlich häufig fast alle gesuchten Informationen 32% (6%) und klagen deshalb auch nie über Fehlschläge bei der Informationssuche 35% (4%). Die Qualität der dabei erhaltenen Informationen wird überdurchschnittlich häufig als immer optimal beurteilt 19% (3%). 55% (4%) der Juristen des *Typs 3* delegieren die Informationssuche nie und 26% (6%) haben keine eigene Suchpraxis entwickelt. Verhältnismäßig viele Juristen dieses Typs haben sich auf kein juristisches Gebiet spezialisiert 55% (7%). Trotz der positiven Beurteilung der aktuellen Informationspraxis halten 82% (4%) Informationen aus einer juristischen Informationsdatenbank für besser als Informationen aus der gegenwärtigen Suchpraxis. Allerdings sehen auch 21% (5%) die Gefahr einer Manipulation durch die Datenbank.

Dem *Typ 4* wurden überdurchschnittlich viele Verwaltungsjuristen 24% (9%), Juristen aus Gemeinden mit 100 000 bis 300 000 Einwohnern 18% (4%) und Juristen aus Bayern 18% (4%) zugeordnet. Auch in diesem Typ sind die Juristen stärker vertreten, die einen sehr starken Informationsbedarf haben 45% (5%) und überwiegend problemorientierte Informationen benötigen 39% (3%). Die Zufriedenheit mit dem Informationsbezug ist allerdings gering. 39% (9%) erhalten nur 60% bis 80% der gesuchten Informationen und 64% (3%) sind mit der Qualität der erhaltenen Informationen nicht immer zufrieden. Ein

Grund für die Unzufriedenheit kann darin liegen, daß überdurchschnittlich viele Juristen dieses Typs 57% (8%) auf schnelle Informationen angewiesen sind. Die Informationssuche wird von ihnen selten 23% (5%) oder nie 57% (6%) delegiert. Wenn sie aber die Informationssuche delegieren sind 11% (4%) der Juristen dieses Typs mit den dabei erhaltenen Informationen weniger zufrieden. Ausdruck der Unzufriedenheit mit dem jetzigen Informationssystem ist die überdurchschnittlich große Erwartung an die juristische Datenbank. 86% (8%) halten Informationen aus der Datenbank für besser. 53% (8%) sind der Meinung, daß die Gefahr der Manipulation durch eine Datenbank abhängig ist vom Träger der Datenbank.

Der *Typ 5* unterscheidet sich vom Durchschnitt der Befragten dadurch, daß ihm häufiger Rechtsanwälte 23% (6%), Männer 95% (4%), Berliner 10% (4%) und Juristen aus Gemeinden mit 300 000 bis 500 000 Einwohnern 34% (8%) zugeordnet wurden. 40% (5%) der Juristen dieses Typs haben einen starken Informationsbedarf, 24% (3%) erhalten allerdings weniger als 60% der gesuchten Informationen. Etwas häufiger wird die Informationssuche an Mitarbeiter delegiert 16% (3%), mit deren Qualität 41% (4%) zufrieden ist.

In *Typ 6* sind überdurchschnittlich viele Steuerberater 25% (8%) und damit auch überdurchschnittlich viele Steuer-, Versicherungsrechtler 15% (4%) vertreten. Auch der Anteil der Rechtsanwälte, der Wirtschaftsprüfer und Steuerberater in großen Kanzleien ist größer als in den anderen Typen 31% (7%). Die Altersgruppe der 40- bis 49jährigen ist in diesem Typ etwas überrepräsentiert 22% (4%). Überdurchschnittlich häufig bearbeiten die Juristen dieses Typs Wiederholungsfälle 31% (8%) und sind in ihrem aktuellen Informationsbedarf auf Routineinformationen angewiesen 39% (3%). Der Anteil der Juristen, die weniger als 60% der gesuchten Informationen auch wirklich erhalten, ist in diesem Typ am größten, 26% (5%) geben an, nur schwach mit Informationen versorgt zu werden, 33% (3%) erleiden sehr oft, oft oder manchmal Fehlschläge bei der Informationssuche. Etwas über dem Durchschnitt liegt auch der Anteil der Juristen in diesem Typ, die regelmäßig die Informationssuche an Mitarbeiter delegieren 16% (3%) und der Juristen, die mit den dabei erhaltenen Informationen zufrieden sind 44% (7%). Wie bei den Juristen des *Typs 4,* die auch überdurchschnittlich häufig Fehlschläge in der Informationssuche hinnehmen mußten, sind die Juristen dieses Typs auf schnelle Informationen angewiesen 56% (7%). Besonders hoch ist auch der Anteil der Juristen, denen die geplante Errichtung einer juristischen Datenbank bekannt ist 90% (6%).

43% (21%) der Juristen in dem *Typ 7* sind Studenten. Hochschulangehörige und Referendare machen sogar 54% (22%) dieses Typs aus. Dementsprechend niedrig ist auch das Durchschnittsalter dieser

Bedeutung von Informationsquellen, um fachlich auf dem laufenden zu bleiben

	Typ 1	2	3	4	5	6	7	8
Fachzeitschriften	4.43	4.58	4.51	4.15	4.35	4.39	4.48	4.35
Kommentare	4.18	4.22	4.34	4.42	4.11	4.30	4.22	4.24
Lehrbücher	2.22	2.43	2.37	2.44	2.46	2.15	2.96	2.96
Monographien	1.51	1.89	1.54	1.40	1.51	1.43	1.86	2.10
Gesetz-Verordnungsblätter	4.12	3.81	3.97	3.81	3.86	4.15	3.78	4.12
Ergänzungslieferungen zu Gesetzessammlungen	4.15	4.15	4.34	4.16	4.21	4.27	4.09	4.34
Entscheidungssammlungen	3.97	4.03	4.14	4.05	3.77	4.00	4.19	4.11
Behördliche Umläufe	1.84	1.88	1.48	1.47	1.91	1.94	1.53	1.95
Ministerialblätter	1.80	1.57	1.32	1.54	2.00	2.09	1.73	1.95
Skripten	1.19	1.45	1.71	1.83	1.49	1.57	2.64	2.44
Repetitorien	1.05	1.51	1.74	1.69	1.46	1.42	2.46	2.49
Tagespresse	2.88	2.98	3.05	3.01	2.99	2.92	3.33	2.85
Vorträge	2.12	2.26	2.38	2.26	2.23	2.39	2.37	2.54
Arbeitsgemeinschaften	1.65	2.25	2.23	2.12	2.05	2.35	2.91	2.87
Dienstbesprechungen	1.90	1.53	1.66	1.52	1.93	2.04	1.84	1.78
Gespräche mit Kollegen	3.33	3.73	3.57	3.57	3.52	3.51	3.74	3.72
Tagungen	2.09	2.21	2.03	2.05	2.20	2.36	1.77	2.21
Durchschnittswertberechnung: 0=völlig unwichtig 5=sehr wichtig								

Gruppe, 52% (21%) sind unter 30 Jahre alt und 35% (5%) arbeiten in Nordrhein-Westfalen. In ihrem aktuellen Informationsverhalten haben 82% (5%) eine eigene Suchpraxis entwickelt. Für ihre berufliche Arbeit benötigen sie überwiegend problemorientierte Informationen 42% (6%) und ausführliche Informationen 37% (3%). Überdurchschnittlich groß ist in dieser Gruppe der Anteil der Juristen, die mit den Ergebnissen ihrer derzeitigen Suchpraxis nach juristisch relevanten Dokumenten und Veröffentlichungen im allgemeinen weniger zufrieden

Häufigkeit der Nutzung von Suchhilfen

	Typ							
	1	2	3	4	5	6	7	8
Autorenregister	1.10	1.41	1.28	1.44	1.45	1.22	1.90	1.90
Inhaltsübersichten	3.06	3.23	3.44	3.38	2.97	3.34	3.43	3.63
Querverweise in Fußnoten	2.53	3.06	3.02	2.91	2.91	3.01	3.54	3.25
Schlagwortregister	3.79	4.02	4.03	4.10	3.92	3.93	4.07	4.04
Sachregister	3.94	4.00	4.18	4.31	3.96	4.07	4.15	4.28
Gliederungen des Textes	2.26	2.69	2.35	2.58	2.42	2.45	2.80	2.99
Leitsätze	3.39	3.49	3.51	3.57	3.38	3.36	3.65	3.56
Fundstellen	3.66	3.80	3.78	3.80	3.70	3.65	3.79	3.77
Zitate im Text	2.72	2.72	2.78	2.56	2.64	2.63	2.92	3.08
Paragraphenregister	2.38	2.55	2.57	2.78	2.46	2.61	2.67	2.90
Erläuterung einer Norm in einem Kommentar	3.36	3.97	3.84	3.74	3.70	3.53	3.93	3.60

Durchschnittswertberechnung: 0=sehr selten
5=sehr häufig

sind 29% (6%), dementsprechend groß ist auch der Anteil der Juristen in diesem Typ, die nur zwischen 60% und 80% der gesuchten Informationen auch wirklich erhalten 38% (8%). Die Gefahr der Manipulation durch eine Datenbank ist nach Meinung von 53% (8%) der Juristen dieses Typs abhängig von Träger einer Datenbank.

Auch in *Typ 8* ist der Anteil der Studenten 33% (11%) und der unter 30jährigen 41% (10%) besonders groß. 35% (5%) stammen aus Nordrhein-Westfalen und 20% (6%) stammen aus Bayern. Der Anteil der nicht spezialisierten Juristen ist mit 56% (8%) größer als in den anderen Typen. 59% (5%) stammen aus Gemeinden mit mehr als 500 000 Einwohnern. 39% (4%) beurteilen ihren Informationsbedarf

Bedeutung von Informationsarten für die berufliche Arbeit

Typ

	1	2	3	4	5	6	7	8
Gesetze	4.75	4.72	4.79	4.86	4.78	4.75	4.83	4.81
Verordnungen	4.14	3.92	4.04	3.80	4.04	4.10	4.04	4.06
Verwaltungsrichtlinien	2.99	2.75	3.03	2.58	3.19	3.20	2.80	2.96
Entscheidungen in amtlichen Sammlungen	4.13	4.35	4.28	4.30	4.13	4.17	4.39	4.22
Entscheidungen auf andere Art veröffentlicht	3.74	4.06	3.73	3.90	3.66	3.64	4.10	3.78
Literaturrezensionen in Fachzeitschriften	2.08	2.47	2.47	2.19	2.11	2.39	2.56	2.84
Entscheidungsrezensionen in Fachzeitschriften	2.90	3.56	3.36	3.33	3.04	3.12	3.39	3.61
Wissenschaftliche Aufsätze in Fachzeitschriften	3.25	3.50	3.32	3.13	3.13	3.10	3.46	3.45
Monographien	1.85	2.17	2.00	1.78	2.06	1.79	2.30	2.54
Kommentare	4.25	4.40	4.54	4.69	4.31	4.34	4.41	4.50
Lehrbücher	2.63	2.84	2.90	2.88	2.82	2.48	3.34	3.43

Durchschnittswertberechnung: 0=völlig unwichtig
5=sehr wichtig

als stark, aber 25% (4%) der Juristen dieses Typs geben an, nur weniger als 60% der gesuchten Informationen auch wirklich zu erhalten.

83% (6%) haben eine eigene Suchpraxis entwickelt, und 21% (7%) des *Typs 8* haben von der Errichtung einer juristischen Informationsdatenbank noch nichts gehört.

In der Beurteilung des aktuellen Informationsverhaltens, d.h., der Bedeutung von Informationsquellen, um fachlich auf dem laufenden zu bleiben, der Bedeutung von Informationsarten für die berufliche Arbeit und der Häufigkeit der Nutzung von Suchhilfen, ergeben sich zwischen den einzelnen Typen kaum Unterschiede.

Einstellungen zu Meinungen über eine juristische Datenbank

	Typ 1	2	3	4	5	6	7	8
Keine schöpferische Fortentwicklung des Rechts	2.62	2.73	2.70	2.59	2.80	2.61	2.80	2.47
Verringerung der Zahl der Prozesse und Rechtsmittel	2.51	2.93	3.03	2.83	2.73	2.98	2.62	3.28
Förderung der Chancenungleichheit	3.11	2.92	3.28	3.01	3.09	3.00	3.64	3.13
Maximale Objektivität	2.20	2.68	2.74	2.89	2.34	2.73	2.70	3.16
Förderung des Präjudizienkults	2.14	2.52	2.38	2.62	2.57	2.44	2.67	2.73
Verleitung zu 'kalter Objektivität'	1.64	1.71	1.86	2.07	1.99	2.02	2.32	2.39
Förderung der Chancengleichheit	3.21	3.53	3.83	3.61	3.44	3.53	3.75	3.84

Durchschnittswertberechnung: 0=völlige Ablehnung
5=völlige Übereinstimmung

Unterschiede ergeben sich in der Übereinstimmung mit Meinungen über eine juristische Datenbank. Positive Aussagen über eine juristische Datenbank werden von den Typen stärker befürwortet, die auch die Speicherung einer größeren Zahl von Informationsquellen in einer juristischen Datenbank stärker befürworten.

43 Erwartete Vorteile der Datenbank

Eine juristische Datenbank muß für die Juristen vor allem schnell, genau, aktuell und vollständig sein, damit sie die Datenbank auch benutzen würden. Tab. 434

Gewünschte Vorteile der Datenbank	Prozent*)
Schnelligkeit	82%
Genauigkeit	66%
Aktualität	65%
Vollständigkeit	64%
Arbeitsentlastung	62%
Technische Zuverlässigkeit	52%
Übersichtlichkeit	51%
Objektivität	45%

*) Mehrfachnennung möglich

Den Befragten wurde eine Liste vorgegeben, auf denen zehn Gesichtspunkte für den Einsatz von Computern bei der Informationsbeschaffung nach ihrer Bedeutung eingestuft werden sollten. Der wichtigste Gesichtspunkt für den Einsatz von Computern bei der Informationsbeschaffung war nach Meinung der Juristen das Einsparen eigener Arbeitszeit.

Gründe für den Einsatz von Computern	Durchschnittswert*)
Einsparen eigener Arbeitszeit	4,53
Leichterer Zugriff zu den neuesten Informationen	4,49
Umfassendere Information	4,25
Schnellerer Bezug von Informationen	4,16
Exaktere Informationen	4,03
Problemorientierte Aufbereitung der Information	3,96
Objektivere Informationen	3,34
Einsparen von Literaturkosten	2,86
Einsparen der Arbeitszeit von Mitarbeitern	2,75
Einsparen von Telefonkosten	1,35

Tab. 441 *) Durchschnittswertberechnung: 5 = sehr wichtig; 0 = völlig unwichtig

Die Beurteilung der Vorteile einer Datenbank ist abhängig von der formalen Organisation, in der der betreffende Jurist arbeitet und den Schwierigkeiten bei der aktuellen Informationsbeschaffung. Das Einsparen der Arbeitszeit von Mitarbeitern ist für Richter, Staatsanwälte und Verwaltungsjuristen der höheren Ebene wichtiger als für Juristen der unteren Ebene, der leichtere Zugriff zu den neuesten Informationen für Verwaltungsjuristen in Gemeinden wichtiger als für Verwaltungsjuristen in den Ministerien. Die Beurteilung der Gesichtspunkte für den Einsatz einer Datenbank ist nicht davon abhängig, ob die Planung einer juristischen Datenbank bekannt war. Juristen mit positiver Erwartung an die Datenbank halten alle Gesichtspunkte für den Einsatz der Datenbank für wichtiger als Juristen, die der Meinung sind, daß Informationen aus der Datenbank nicht besser sind als ihre bisherige Suchpraxis. Tab. 442 Tab. 446

44 Die notwendige Zugriffsgeschwindigkeit

Jeder fünfte Jurist müßte Informationen aus der juristischen Datenbank innerhalb einer Stunde beziehen können, damit die Nutzung für ihn interessant wäre. Besonders starken Wert auf eine schnelle Informationsübermittlung innerhalb einer Stunde legen Staatsanwälte, Richter und Studenten. 26% der Juristen im Amtsgericht, 29% der Juristen im Landgericht und 32% der Juristen an besonderen Gerichten, 17% der Verwaltungsjuristen in Gemeinden, 21% der Verwaltungsjuristen in Körperschaften des öffentlichen Rechts und 28% der Verwaltungsjuristen in Ministerien benötigen die Informationen aus der Datenbank innerhalb einer Stunde. Tab. 448

Jeder dritte Jurist benötigt die Informationen aus der Datenbank frühestens nach zwei Tagen. Jeder zweite Professor oder Steuerberater die Informationen aus der Datenbank erst nach einer Woche. Tab. 449

45 Allgemeine Beurteilung der Informationen aus der Datenbank

93% der Juristen hält den Einsatz der elektronischen Datenverarbeitung für Rechtsfragen, mit denen er bei seiner Arbeit zu tun hat, für nützlich und nur 6% halten den Einsatz der elektronischen Datenverarbeitung für unnützlich. Tab. 459

78% halten die Informationen aus der Datenbank für wahrscheinlich besser als die Informationen, die sie mit ihrer bisherigen Suchpraxis erhalten haben. 17% sind der Meinung, Informationen aus der Datenbank seien genauso gut, nur 3% sind der Meinung, die Informationen aus der Datenbank seien schlechter als die, die sie mit ihrer bisherigen Suchpraxis erhalten haben. Die allgemeine Beurteilung der Datenbank ist besonders positiv bei Studenten und Staatsanwalten, den Juristen, denen die Planung einer juristischen Datenbank bekannt ist, den jüngeren Juristen und den Juristen, die mit ihrer jetzigen Suchpraxis unzufrieden sind. Tab. 455

	Informationen aus der Datenbank sind wahrscheinlich . . .		
Juristen mit unterschiedlich starkem Sucherfolg	besser	genauso gut	schlechter
– gering	85%	10%	4%
– mittel	80%	16%	2%
– groß	75%	19%	3%
– sehr groß	71%	23%	4%
Juristen, die den Sucherfolg bei der Suche nach relevanten juristischen Dokumenten als			
– immer optimal	62%	28%	6%
– meistens optimal	78%	18%	3%
– weniger zufriedenstellend	87%	9%	1%
beurteilen			
Juristen, die Fehlschläge in der Informationssuche			
– häufig/manchmal	83%	12%	2%
– selten	79%	16%	3%
– nie	71%	24%	4%
hinnehmen müssen			

Besonders große Hoffnungen auf die Informationen aus der Datenbank setzen die Juristen, die unter der Informationskrise des Rechts zu leiden haben. ‚Ebenso universell wie das Phänomen (der Informationskrise) ist deshalb auch die Reaktion: Vertrauen in die elektronischen Anlagen‘[28].

46 Die mögliche Gefahr der Informationsmanipulation

Die Planung von Informationssystemen wurde von Anfang an in der Literatur mit Diskussionen über die Gefahr der Manipulation und der Objektivität der Daten begleitet.

‚Manipulation ist dabei insbesondere durch die Auswahl der eingegebenen Dokumente, ihrer Kürzung sowie beim Retrieval durch Deskriptoren durch die Wahl der Deskriptoren möglich. Eine Manipulation

---

[28] Simitis, Informationskrise des Rechts und Datenverarbeitung, Seite 61.

der zuerst angeführten Art, nämlich durch Auswahl der Dokumente, erlebten wir in letzter Zeit schon durch einige juristische Zeitschriften. Diese unterschlugen mit dem Hinweis auf Irrelevanz oder mangelndem Interesse der Leser fast alle im Rahmen der sogenannten ‚Baader-Meinhof-Jagd' ergangenen Haftprüfungsbeschlüsse und Beschwerdebeschlüsse der Oberlandesgerichte. Solche Vorfälle werden sich bei juristischen Datenbanken ebenfalls ereignen, wenn nicht rechtzeitig Vorsorge dagegen getroffen wird. Noch größer ist die Gefahr der Manipulation bei Textkürzungen wie sie von Juradat vorgenommen werden. Das Weglassen des Sachverhaltes kann zu einer vollständigen Entstellung der Entscheidungsgründe führen, die ihres politischen und sozialen Hintergrundes damit beraubt werden'[29].

Auf die Frage, ob sie eine Gefahr sehen, daß sie persönlich durch die Benutzung einer Datenbank manipuliert werden könnten, weil sie selbst keinen Einfluß auf die Speicherung haben, oder ob das von dem Träger des Systems abhänge, waren 16% der Meinung, sie könnten manipuliert werden, 45% hielten die Gefahr für abhängig vom Träger des Systems und 38% meinten, sie könnten nicht manipuliert werden. Die Gefahr der Manipulation ist für die Gruppe der Nicht-Juristen unter den Befragten, den Steuerberatern und Wirtschaftsprüfern, am geringsten. Am häufigsten sehen die Hochschulangehörigen und Referendare die Gefahr einer Manipulation. Tab. 463

Allerdings ist für die Juristen, die eine Gefahr der Manipulation durch die Benutzung einer Datenbank sehen, diese Gefahr nicht so groß, daß sie deshalb eine Datenbank nicht in Anspruch nehmen würden. Nur 3% aller Juristen würde aus diesem Grund eine Datenbank nicht in Anspruch nehmen. Tab. 466

47 Einstellung zu bestimmten Erwartungen gegenüber der Datenbank

Die Benutzung einer Datenbank ist auch davon abhängig, welche Vorurteile und Erwartungen sich an diese Datenbank knüpfen. Den Juristen wurden sieben Meinungen, die in den Gruppendiskussionen geäußert worden waren, zur Beurteilung vorgelegt.

Die allgemeine positive Einstellung gegenüber einer juristischen Datenbank zeigt sich auch in der Beurteilung der sieben Meinungen. Den drei positiven Äußerungen wird überwiegend zugestimmt, die vier Tab. 469
negativen Meinungen werden entweder indifferent beurteilt oder abge- Tab. 470

[29] Groth, Helmert, Die Juristische Datenbank, Nachr. Dok. 23 (1972), Nr. 5.

	Durchschnittswert*)
‚Eine juristische Datenbank fördert die Chancengleichheit unter den Juristen, da alle Juristen die gleichen umfassenden Informationen erhalten können‘	3,69
‚Eine juristische Datenbank fördert die Chancenungleichheit unter den Juristen, wenn der Zugang zu Informationen aus der Datenbank kapitalabhängig wäre‘	3,23
‚Eine juristische Datenbank trägt dazu bei, die Zahl der Prozesse und der Rechtsmittel zu verringern, da sie bereits vorher alle einschlägigen Informationen zur Verfügung stellt‘	2,93
‚Eine juristische Datenbank führt zu maximaler Objektivität im Rechtswesen‘	2,74
‚Eine juristische Datenbank ist nicht in der Lage zur schöpferischen Fortentwicklung des Rechts beizutragen, weil sie nur den bestehenden Zustand dokumentiert‘	2,71
‚Eine juristische Datenbank fördert den Präjuzidienkult‘	2,57
‚Eine juristische Datenbank verleitet zu kalter Objektivität auch in solchen Fällen, in denen persönliche oder subjektive Gesichtspunkte berücksichtigt werden müssen‘	2,06

*) Durchschnittswertberechnung
5 = völlige Übereinstimmung
0 = völlige Ablehnung

lehnt. Vor allem Steuerberater beurteilen die Objektivierung des Rechtswesens durch ein juristisches Informationssystem und die Verringerung der Zahl der Prozesse und der Rechtsmittel besonders positiv. Die Meinung, daß die juristische Datenbank zu ‚kalter Objektivität‘ verleite, wird von Richtern und Staatsanwälten besonders scharf abgelehnt. Juristen, die die Informationen aus der Datenbank als besser beurteilen als die Ergebnisse ihrer jetzigen Suchpraxis und Juristen, die die Gefahr einer Manipulation durch die Datenbank nicht sehen, stimmen den positiven Äußerungen über die juristische Datenbank stärker zu und lehnen die negativen Äußerungen über die Datenbank stärker ab als die Juristen, die der Meinung sind, Informationen
Tab. 477 aus der Datenbank seien nicht besser oder mit der Datenbank sei die
Tab. 478 Gefahr der Manipulation verbunden.

48 Die Teilnahme an einer Benutzerschulung

Die optimale Nutzung einer juristischen Datenbank setzt gewisse Kenntnisse und die Vertrautheit mit Abfragetechniken voraus. 90% der Juristen wären gegebenenfalls bereit, sich in die Benutzung des Systems einweisen zu lassen. Besonders stark ist diese Bereitschaft vor allem bei Referendaren, Assistenten und Studenten. Jeder fünfte Rechtsanwalt und Steuerberater würde an einer Einweisung nicht teilnehmen. Referendare, Studenten und Assistenten könnten auch die meiste Zeit für eine persönliche Einweisung aufwenden. Jeder dritte Referendar und jeder vierte Assistent könnten mehr als zwei Wochen für die Einweisung aufwenden. Bei den freiberuflichen Rechtsanwälten, Steuerberatern und Wirtschaftsprüfern ist die Bereitschaft nur für eine kürzere Einweisung vorhanden. Je schlechter allerdings die augenblickliche Informationsversorgung ist, desto länger würden die Juristen an einer Einweisung in die Benutzung einer Datenbank teilnehmen. Tab. 483 Tab. 485

	Zeit für die Einweisung Zwei Wochen und mehr
Juristen mit unterschiedlich starkem Sucherfolg	
– gering	21%
– mittel	19%
– groß	17%
– sehr groß	14%
Juristen, die den Sucherfolg bei der Suche nach relevanten juristischen Informationen als	
– immer optimal	12%
– meistens optimal	17%
– weniger zufriedenstellend	21%
beurteilen	
Juristen, die Fehlschläge in der Informationssuche	
– häufig/manchmal	21%
– selten	14%
– nie	17%
hinnehmen müssen	

Tab. 487

49 Die Kostenproblematik der Datenbanknutzung für selbständige Juristen

Die freiberuflichen Juristen wurden gefragt, ob sie bei besserer Informationsqualität für die Nutzung einer Datenbank auch höhere Kosten akzeptieren würden. 83% der freiberuflichen Juristen sind bereit, für die Nutzung einer Datenbank auch höhere Kosten zu akzeptieren, 15% würden eine Datenbank bei höheren Kosten nicht benutzen. 7% der freiberuflichen Juristen würden sich auf jeden Fall selbst eine Abfragestation mit Anschluß an die Datenbank anschaffen, für drei Viertel der Rechtsanwälte, Steuerberater und Wirtschaftsprüfer ist eine eigene Abfragestation abhängig von den Kosten und jeder fünfte würde sich keine eigene Abfragestation anschaffen.

Tab. 490

Die Akzeptierung höherer Kosten und der Anschluß an eine Abfragestation ist auch abhängig von der Größe der Kanzlei und damit vom Umsatz der Kanzlei.

Frage: Würden Sie bei besserer Informationsqualität durch die Nutzung einer Datenbank höhere Kosten akzeptieren?

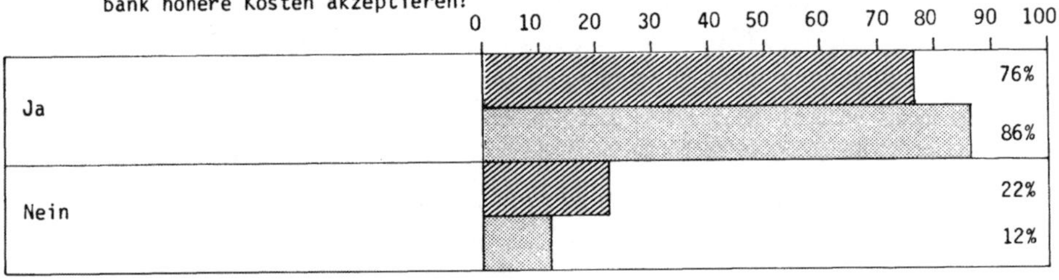

Frage: Würden Sie sich selbst eine Abfragestation mit Anschluß an die Datenbank anschaffen oder ist das kostenabhängig?

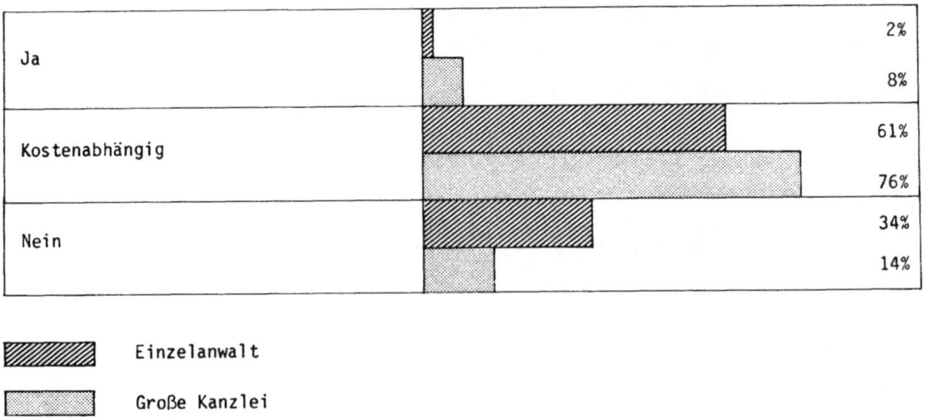

5 Anhang

51 Struktur der Befragten

Potentielle und tatsächliche Benutzer

Ein besonderes Problem der Benutzerforschung ist die Definition der Kategorie ‚Benutzer'.

Geht man von einer bestehenden oder geplanten Einrichtung im Bereich der formalen juristischen Information und Dokumentation aus ergeben sich zwei Kategorien[30].

Die potentiellen Benutzer, d.h. alle Personen, von denen angenommen wird, daß sie aufgrund ihrer funktionsspezifischen Leistungserwartung der Bedarfskategorie zuzuordnen sind, die das juristische Informationssystem abdecken will. Das sind die Personen, deren berufliche Funktionen rechtschöpfend, rechtanwendend, rechtberatend oder rechtlehrend und -lernend sind.

Die tatsächlichen Benutzer, d.h. alle Personen, die die Dienstleistungen in der Informations- und Dokumentationseinrichtung in Anspruch nehmen. Die Zahl der tatsächlichen Benutzer einer erst in mehreren Jahren realisierten Einrichtung kann nur über die Analyse des aktuellen Informationsverhaltens, der subjektiven Informationsbedürfnisse, der Fehlschläge bei der Informationsbeschaffung und der Einstellungen und Erwartungen gegenüber einer juristischen Datenbank abgeschätzt werden.

Grundgesamtheit dieser Untersuchungen sind die potentiellen Benutzer eines juristischen Informationssystems – Juristen, Steuerberater und Wirtschaftsprüfer in der Bundesrepublik Deutschland und West-Berlin.

Die Befragten als Mitglieder unterschiedlicher Systeme

Bei der Untersuchung des Informationsverhaltens und der Benutzerbedürfnisse muß man beachten, daß die befragten Personen Mitglieder unterschiedlicher Systeme sind, die den Benutzer bereits vorgeprägt haben, wenn er seine Rolle in der fachlichen Kommunikation übernimmt. Da die potentiellen Benutzer der geplanten juristischen Informationsdatenbank aufgrund ihrer Nationalität, ihrer Ausbildung, ihrer Schichtzugehörigkeit relativ homogen sind, kann der Einfluß einiger Systeme auf die Benutzer als gleich angesetzt werden:

---

[30] Im Gegensatz zu Schober/Wersig,Information und Dokumentation, in Nachr. f. Dok., 1968, S. 116–124, die eine Dreiteilung in potentielle, vermutete und tatsächliche Benutzer vorschlagen, beschränken wir uns auf eine Zweiteilung in potentielle und tatsächliche Benutzer.

Alle Benutzer sind Mitglieder des gleichen kulturellen und gesellschaftlichen Systems, das sie mit bestimmten Normen und Vorstellungen ausstattet;

sie sind Mitglieder des gleichen politisch-ökonomischen Systems, das ihr Weltbild entscheidend prägt;

sie sind Mitglieder des gleichen sprachlichen Systems, sie verstehen die gleiche Fachterminologie, was sie bei der Benutzung einer juristischen Datenbank gegenüber anderen nicht juristischen Benutzern in Vorteil setzt;

und sie sind Mitglieder des gleichen Rechtssystems, das ihre berufliche Funktion entscheidend beeinflußt.

Das berufliche System

Zur Analyse des unterschiedlichen fachlichen Informationsverhaltens muß das berufliche System untersucht werden.

Die These, daß unterschiedliche Rollenerwartungen, die zum Beispiel an die Berufsrolle eines Richters, eines Staatsanwaltes und eines Verteidigers gestellt werden oder unterschiedliche Positionen, die die Befragten in ihrer formalen Organisation einnehmen, unterschiedliches Informationsverhalten bedingt, soll verifiziert bzw. falsifiziert werden.

Tab. 1

Berufsgruppen	
Richter	9%
Staatsanwalt	1%
Verwaltungsjurist	17%
Rechtsanwalt	15%
Steuerberater	17%
Wirtschaftsprüfer	2%
Professor	0%
Assistent	1%
Student	22%
Referendar	9%
Jurist im Angestelltenverhältnis, der nicht als RA zugelassen ist	7%
Gesamt (alle potentiellen Benutzer eines jurist. Informationssystems)	100

Bei der Interpretation der Gesamtergebnisse muß man beachten, daß die einzelnen juristischen Berufsgruppen, entsprechend ihrem realen Verhältnis in der Gesamtheit aller potentiellen Benutzer, quantitativ unterschiedlich stark am Zustandekommen der Ergebnisse beteiligt waren.

Behörde

Knapp die Hälfte der Richter ist am Amtsgericht, ca. ein Drittel am Landgericht und 1% an höheren Gerichten beschäftigt. 15% der Richter arbeiten an einer besonderen Gerichtsbarkeit. Tab. 7

Von den Staatsanwälten ist jeder zehnte am Amtsgericht tätig, etwa zwei Drittel der Staatsanwälte arbeiten an Landgerichten.

Etwa die Hälfte der Verwaltungsjuristen gab an, in einer Gemeindeverwaltung rechtanwendend tätig zu sein. Ein Drittel der befragten Verwaltungsjuristen arbeitet in Körperschaften des öffentlichen Rechts oder sonstigen Verwaltungen, jeder zehnte Verwaltungsjurist ist in einem Ministerium des Bundes oder der Länder tätig. Überwiegend rechtanwendend und rechtauslegend arbeiten ca. 90% der Verwaltungsjuristen, nur ca. 8% sind an der Gesetzesvorbereitung beteiligt.

Position

Ca. 15% der Richter haben eine Position als Direktor, Präsident oder Bundesrichter erreicht.

Die Position eines Oberstaatsanwaltes haben etwa ein Drittel, die Position eines Generalstaatsanwaltes oder höher haben etwa 3% der befragten Staatsanwälte erreicht.

Aufgrund der unterschiedlichen Laufbahnbezeichnungen in den einzelnen Bundesländern konnte die Position der Verwaltungsjuristen in den Gemeinden nur grob klassifiziert werden. Jeder fünfte Verwaltungsjurist gab an, in einer Gemeindeverwaltung eine Direktorenposition zu bekleiden. Etwa 3% der Verwaltungsjuristen hatten die Position eines Ministerialrates, -dirigents, -direktors erreicht. Tab. 8

Arbeitsverhältnis/Betriebsgröße

Von den Rechtsanwälten, Steuerberatern und Steuerbevollmächtigten sind etwa 90% selbständig, nur bei den befragten Wirtschaftsprüfern lag die Zahl der Angestellten mit 16% fast doppelt so hoch wie bei den Rechtsanwälten und Steuerberatern. Tab. 9

Jeder zweite selbständige Rechtsanwalt und Wirtschaftsprüfer, aber nur jeder vierte selbständige Steuerberater arbeitet als Sozius in einer Sozietät.

Im Vergleich mit den selbständigen Rechtsanwälten und Steuerberatern arbeiten die Wirtschaftsprüfer mit einem größeren sachkundigen Mitarbeiterstab. Jeder zehnte selbständige Wirtschaftsprüfer hat sechs und mehr rechtskundige angestellte Sachbearbeiter und jeder vierte Wirtschaftsprüfer hat sechs und mehr angestellte Hilfskräfte. Tab. 10

Auch bei den angestellten Rechtsanwälten, Steuerberatern, Wirtschaftsprüfern und den Juristen im Angestelltenverhältnis, die nicht als Rechtsanwalt zugelassen sind, gibt es erhebliche Unterschiede in der Größe des Betriebes, in dem sie arbeiten. Fast zwei Drittel der
Tab. 11 Juristen im Angestelltenverhältnis und jeder vierte angestellte Rechts-
Tab. 12 anwalt arbeiten in Betrieben mit 500 und mehr Mitarbeitern.

Angestellte Steuerberater und Wirtschaftsprüfer arbeiten dagegen überwiegend in kleineren Betrieben.

Für den Bereich der Gruppenkommunikation in der Arbeitsumgebung der Angestellten, in der sie über inhaltliche fachliche Probleme kommunizieren können, ergibt sich, daß sie im Durchschnitt mit ein bis zwei weiteren Rechtsanwälten, Steuerberatern, Wirtschaftsprüfern oder rechtskundigen angestellten Sachbearbeitern kommunizieren können.

Ausbildungsstation

Jeder zweite Referendar war in der ersten Ausbildungsstation an einem ordentlichen Gericht, die übrigen Referendare arbeiteten in der
Tab. 14 zweiten, dritten oder der Wahlstation.

Spezialgebiet

Besondere Bedeutung für das fachliche Informationsverhalten gewinnt die Spezialisierung auf ein bestimmtes Rechtsgebiet. Zwischen den Juristen mit dem gleichen Spezialgebiet können sich berufliche Referenzgruppen bilden, in denen Informationen über dieses Spezialgebiet ausgetauscht werden. Durch die Zugehörigkeit zu den gleichen wissenschaftlichen Organisationen, durch den Besuch gleicher Kongresse und die Nutzung der gleichen Mitgliederinformationen wird gewissermaßen eine bedarfsorientierte Gruppenkommunikation betrieben[31].

Jeder zweite Jurist gab an, sich auf ein bestimmtes Gebiet spezialisiert zu haben. Am häufigsten hatte sich die Gruppe der Professoren und Assistenten mit 98% bzw. 85% spezialisiert, am seltensten hatte sich die Gruppe der Studenten und Referendare mit 25% bzw. 35%
Tab. 2 spezialisiert.

Die Richter haben sich erstens auf Strafrecht, Kriminologie, zweitens auf bürgerliches Recht und Mietrecht, drittens auf Staats-, Verwaltungs- und Völkerrecht spezialisiert.

Jeder zweite Staatsanwalt gab als Spezialgebiet Staats-, Verwaltungs- oder Völkerrecht an.

---

31 Im angelsächsischen Bereich wird diese bedarfsorientierte Gruppenkommunikation als ‚invisible college' beschrieben.

Die spezialisierten Rechtsanwälte befassen sich vorzugsweise entweder mit bürgerlichem Recht und Mietrecht oder Strafrecht, Kriminologie oder Handels-, Wirtschafts-, Gesellschafts-, Patent-, Wettbewerbsrecht. Etwa 40% der Steuerberater haben sich auf Steuer- und Versicherungsrecht spezialisiert,
jeder zweite Wirtschaftsprüfer entweder auf Handels-, Wirtschaftsrecht etc. oder Steuer- und Versicherungsrecht.

	Berufsgruppen										
Spezialgebiet	1	2	3	4	5	6	7	8	9	10	11
Bürgerliches Recht	17%	3%	4%	16%	1%	1%	34%	34%	4%	7%	26%
Strafrecht	18%	51%	2%	14%	0%	1%	20%	14%	10%	6%	2%
Staatsrecht, Verwaltungsrecht	12%	5%	41%	8%	0%	1%	21%	18%	7%	12%	10%
Grundlagenfächer	1%	–	1%	–	–	–	9%	4%	–	1%	1%
Handels-, Wirtschaftsrecht	5%	6%	6%	12%	9%	32%	9%	8%	1%	7%	27%
Steuer-, Versicherungsrecht	4%	1%	12%	6%	38%	21%	1%	2%	1%	1%	2%
Nicht spezialisiert	41%	30%	29%	42%	48%	39%	1%	15%	76%	65%	21%

Berufsgruppen

1. Richter
2. Staatsanwalt
3. Verwaltungsjurist
4. Rechtsanwalt
5. Steuerberater
6. Wirtschaftsprüfer
7. Professor
8. Assistent
9. Student
10. Referendar
11. Jurist im Angestelltenverhältnis

Die Gruppe der Professoren und Assistenten gab am häufigsten bürgerliches Recht, Staats-, Verwaltungs-, Völkerrecht oder Strafrecht und Kriminologie als Spezialgebiet an,

jeder zweite Jurist im Angestelltenverhältnis entweder Handels-, Wirtschafts-, Gesellschafts-, Patent-, Wettbewerbsrecht oder bürgerliches Recht.

Ein zweites oder drittes juristisches Spezialgebiet nannten:

Professoren	83%
Assistenten	48%
Juristen im Angestelltenverhältnis	45%
Rechtsanwälte	41%
Wirtschaftsprüfer	38%
Richter	24%
Staatsanwälte	23%
Steuerberater	19%
Verwaltungsjuristen	18%
Referendare	14%
Studenten	8%

Tab. 3

Die Spezialisierung auf bürgerliches Recht wird am häufigsten kombiniert mit Handels-, Wirtschaftsrecht (17%) oder Strafrecht, Kriminologie (12%) oder Staats- und Verwaltungsrecht (11%).

Tab. 5

17% der Juristen, die sich auf Strafrecht spezialisiert haben, nannten als weiteres Spezialgebiet bürgerliches Recht, 10% nannten als weiteres Gebiet Staats- oder Verwaltungsrecht.

10% der Staatsrechtler nannten als zweites Spezialgebiet bürgerliches Recht,
17% der Handels- und Wirtschaftsrechtler nannten als weiteres Gebiet bürgerliches Recht, 12% Steuer- und Versicherungsrecht, 10% Staats- oder Verwaltungsrecht.

Jeder vierte Steuer- oder Versicherungsrechtler war zusätzlich auf Handels- oder Wirtschaftsrecht spezialisiert.

Ausbildung

50% der Befragten haben das zweite juristische Staatsexamen bestanden. In der Gruppe der Befragten, die ihre Berufsausbildung abgeschlossen haben, haben Steuerberater (jeder zwanzigste) und Wirtschaftsprüfer (jeder zehnte) am seltensten das zweite juristische Staatsexamen. Der Ausbildungsgang der Steuerberater und Wirtschaftsprüfer unterscheidet sich erheblich von den übrigen Befragten. Jeder zweite Wirtschaftsprüfer und jeder vierte Steuerberater haben ein Hochschulstudium als Diplomkaufmann, Diplombetriebswirt oder Diplomvolkswirt abgeschlossen. Jeder zwanzigste Steuerberater gibt als Vorbildung das Examen einer Fachhochschule an.

Tab. 18

15% der Befragten haben in der juristischen oder der staatswissenschaftlichen Fakultät promoviert.

Das physiologische System

Untersuchungen der Wahrnehmungs- und Denkpsychologie haben gezeigt, daß physische Charakteristika verhaltensmäßige Auswirkungen haben, die sich auch auf das Kommunikations- und Informationsverhalten der Benutzer auswirken können.

Geschlecht	
Männlich	91%
Weiblich	9%

Tab. 17

Das Verhältnis zwischen männlichen und weiblichen Juristen hat sich nur bei den Studenten verändert, nur noch 80% der Studierenden der Fachrichtung Rechtswissenschaft sind männlich. Besonders selten sind Frauen als Wirtschaftsprüferinnen und im Angestelltenverhältnis tätig.

Alter	
bis unter 30 Jahre	31%
30 bis unter 40 Jahre	31%
40 bis unter 50 Jahre	18%
50 bis unter 60 Jahre	11%
60 Jahre und älter	8%

Tab. 17

Überdurchschnittlich alt sind die Gruppen der Wirtschaftsprüfer, Steuerberater, Professoren und Rechtsanwälte, von denen über die Hälfte älter als 40 Jahre ist. Die jüngste Gruppe bilden die übrigen Hochschulangehörigen und Referendare.

Das räumliche System

Die potentiellen Benutzer einer juristischen Datenbank sind zugleich auch Bestandteil eines räumlichen Systems. Dadurch können sich sowohl beim aktuellen Informationsverhalten, wie auch bei der Nutzung einer Datenbank Einschränkungen der Handlungsfreiheit ergeben.

Überdurchschnittlich häufig arbeiten Verwaltungsjuristen und Juristen im Angestelltenverhältnis (etwa jeder fünfte) in Gemeinden mit unter 50 000 Einwohnern. Etwa 60% der Hochschulangehörigen und Referendare arbeiten in Städten mit mehr als 500 000 Einwohnern.

Bundesländer	
Berlin	5%
Schleswig-Holstein	4%
Hamburg	6%
Niedersachsen	8%
Bremen	1%
Nordrhein-Westfalen	29%
Hessen	9%
Rheinland-Pfalz/Saar	6%
Baden-Württemberg	17%
Bayern	14%
Gemeindegrößenklassen	
bis unter 50 000 Einwohner	8%
50 000 bis unter 100 000 Einwohner	9%
100 000 bis unter 300 000 Einwohner	13%
300 000 bis unter 500 000 Einwohner	26%
500 000 Einwohner und mehr	44%

Tab. 16

52 Die Teilgruppen der Juristen, für die einzelne Probleme gesondert analysiert wurden

- Berufsgruppen
- Spezialisierung auf einzelne Rechtsgebiete
- Berufliche Position
- Geschlecht
- Alter
- Bundesland
- Gemeindegrößenklasse
- Rechtsanwälte, Steuerberater, Wirtschaftsprüfer mit unterschiedlichem Informationsbedarf in Abhängigkeit von der Zahl der durch sie zu bearbeitenden
  - Wiederholungsfälle
  - neuen Fälle
- Juristen mit unterschiedlichem Informationsbedarf, um fachlich auf dem laufenden zu bleiben
  - sehr starker Bedarf
  - starker Bedarf
  - mittlerer bis geringer Bedarf
- Juristen mit unterschiedlich strukturierten Anforderungen hinsichtlich der Anteile routinemäßiger Information, um fachlich auf dem

laufenden zu bleiben und problemorientierter fallbezogener Information am gesamten Informationsbezug:
O überwiegend Routineinformationen
O teils/teils
O überwiegend problemorientierte Information

– Juristen mit quantitativ unterschiedlich starkem Sucherfolg bei der Beschaffung problemorientierter Information
O gering
O mittel
O groß
O sehr groß

– Juristen mit unterschiedlicher Zufriedenheit mit den Ergebnissen ihrer Suchpraxis nach für ihre Arbeit relevanten juristischen Dokumenten

Sucherfolg

O immer optimal
O meistens optimal
O wenig zufriedenstellend

– Juristen mit unterschiedlich häufigen Fehlschlägen bei der Informationssuche
O häufig/manchmal
O selten
O nie

– Juristen mit überwiegendem Bedarf an
O schneller Information
O ausführlicher Information

– Juristen mit oder ohne habitualisiertem Suchverhalten bei der Informationsbeschaffung

– Juristen, denen die Planung einer juristischen Datenbank
O bekannt
O nicht bekannt
ist.

– Juristen, die bei der Nutzung einer Datenbank Informationen innerhalb von
O 0,5 Std.
O bis 3 Std.
O bis 1 Tag
O 2 bis 6 Tagen
O 1 Woche und länger
benötigen.

- Juristen, die Informationen aus einer Datenbank für möglicherweise
  O besser
  O nicht besser
  halten.
- Juristen, die die mögliche Gefahr einer Informationsmanipulation durch die Nutzung einer Datenbank
  O befürchten
  O für abhängig vom Träger der Datenbank halten
  O nicht befürchten

53 Methodenbeschreibung

Die Interviews wurden zwischen dem 19. August 1972 und dem 11. Oktober 1972 von ca. 450 Interviewern in der Bundesrepublik Deutschland und West-Berlin durchgeführt. Die Zielpersonen wurden an ihrem Arbeitsplatz oder in ihrer Wohnung interviewt. Der Interviewer las die Fragen vor und schrieb bei ‚offenen Fragen' die Antworten wörtlich mit bzw. kreuzte sie bei ‚geschlossenen Fragen' an. Die Antworten wurden vercodet, über Belegleser auf Datenträger übertragen und mit dem Infratest-Text-Daco-Programm auf einem Computer IBM 370 in zwei- und mehrdimensionalen Tabellen ausgewertet.

Je nach vorliegenden Arbeitshypothesen wurden die einzelnen Antworten für die im Anhang beschriebenen einzelnen Teilgruppen analysiert. Für Skalenwerte und Prozentwerte wurden Durchschnittswerte und Standardabweichungen berechnet.

531 Methodenbeschreibung des Typologisierungsprogrammes

Man geht davon aus, daß zunächst jedes Individuum durch eine einmalige Kombination von Merkmalen gekennzeichnet ist, daß es aber unter einer größeren Anzahl möglich ist, Individuen zu finden, die untereinander große Ähnlichkeit aufweisen. Da man nach einer Umfrage nicht jedes Individuum einzeln studieren und sich vergegenwärtigen kann, ist es wünschenswert, jeweils jene Personen in eine Gruppe zusammenzufassen, die untereinander sehr große Ähnlichkeit haben. Dann studiert man statt der vielen Einzelfälle die wenigen Typen. Sie sind anschaulich und zugleich repräsentativ für die Gesamtaussage.

Jede Person wird durch einen Punkt in einem mehrdimensionalen Raum dargestellt. Dieser Raum hat so viele Dimensionen wie Merkmale berücksichtigt werden. Alle Merkmalsausprägungen eines Individuums wirken sich bei der Bestimmung dieses Punktes aus.

Die Aufgabe des Programmes ist es, eine Grundgesamtheit von Individuen, die durch bestimmte Merkmale (Variable) beschrieben sind, so zu ordnen, daß sich die in Gruppen zusammengefaßten Individuen in ihren jeweiligen Ausprägungen möglichst ähnlich sind. Die Gruppen selbst sollen sich stark voneinander unterscheiden:

Bedingung I Homogenität in der Gruppe = Maximum
Bedingung II Homogenität zwischen den Gruppen = Minimum

Die Definition der Gruppen erfolgt durch einen schrittweisen Optimierungsprozeß, der sichert, daß im Rahmen der getroffenen Annahmen der Informationsverlust durch die Gruppenbildung minimiert wird. Dazu wird vor Beginn des Optimierungsprozesses eine Größe je Individuum bestimmt, mit deren Hilfe sich später feststellen läßt, bei welcher Zuordnung des jeweiligen Individuums zu einer im Optimierungsprozeß entstehenden Gruppe die obengenannten Bedingungen I, II optimiert werden.

Das optimale Interpretationsniveau der Vielzahl der gebildeten Typen liegt auf der Ebene, auf der (wegen der Übersichtlichkeit) die Zahl der Typen so klein wie möglich ist, und (wegen der Homogenität innerhalb jeden Typs) so groß wie nötig ist.

Eingegeben werden für die Typologisierung die aktiven Variablen, das heißt die Merkmale, die für die Positionierung der Individuen im mehrdimensionalen Raum und somit für die Bildung der Typen herangezogen werden, und die passiven Variablen, das heißt die Merkmale, die zu deskriptiven Zwecken nach erfolgter Gruppierung für jeden Typ ausgezählt werden.

532 Stichprobenansatz

Da der Anteil der Juristen bemessen an der Gesamtbevölkerung relativ gering ist, konnte für diese Untersuchung keine Stichprobe aus dem vorhandenen bevölkerungsrepräsentativen Adressenmaterial gezogen werden. Für die Befragung spezieller Teilgruppen der Gesamtbevölkerung bietet sich das Quotenauswahlverfahren an. Die Interviewer müssen sich anhand einer Quotenliste die zu Befragenden in ihrem Einsatzgebiet selber suchen. Die Studie wurde als Quote mit den Merkmalen ‚Berufsgruppen' und ‚Verteilung über die Bundesländer' angelegt.

Da bei einer proportionalen Verteilung der juristischen Fachrichtungen innerhalb der zu befragenden 2550 Juristen stichprobentheoretisch Juristen einiger Fachrichtungen zu selten befragt worden wären, um quantitative Aussagen über diese Teilgruppen zu erlauben, wurde ein disproportionaler Stichprobenansatz gewählt.

Grundgesamtheit der Untersuchung waren folgende Gruppen in der Bundesrepublik und in West-Berlin in disproportionalem Ansatz:

150	Staatsanwälte		
150	Referendare		
300	Richter an ordentlichen Gerichten	– 65,31% = 196	Proportionale Aufteilung innerhalb des disproportionalen Ansatzes
	Richter an besonderen Gerichten	– 16,22% = 49	
	Bundesrichter an ordentlichen Gerichten	– 0,75% = 2	
	Bundesrichter an besonderen Gerichten	– 2,55% = 8	
	Gerichtsassessoren	– 15,17% = 45	
		*) 100 = 300	
400	Verwaltungsjuristen		
400	Juristen im Angestelltenverhältnis, die nicht als RA zugelassen sind		
400	Rechtsanwälte/Anwaltsnotare	– 94,69% = 379	
	Notare	– 5,31% = 21	
		**) 100 = 400	
100	Steuerberater		
100	Steuerbevollmächtigte		
200	Wirtschaftsprüfer		
75	Professoren (Jura)		
125	Assistenten/Assistenzprofessoren (Jura)		
150	Studenten (Jura)		
2550	Insgesamt		

*) Zahlen aus ‚Handbuch der Justiz 1970', R. von Decker's Verlag, G. Schenk, Hamburg/Berlin 1970

**) Nach Anwalts- und Notarverzeichnis der BRD 1970, 10. Auflage, Teil I–V, Fackler Verlag, München

Die Studie wurde mit einem Bruttoansatz von 120% ins Feld gegeben. Bezüglich der prozentualen Verteilung des Bruttoansatzes der Interviews über die Bundesländer ergab sich folgendes:

Staatsanwälte, Richter an ordentlichen Gerichten, Gerichtsassessoren

Verteilung der Interviews über die Länder*):

	Staatsanwälte	Richter an ordentlichen Gerichten	Assessoren	Richter an besonderen Gerichten
Berlin	5,40%	6,10%	6,35%	7,63%
Schleswig-Holstein	3,99%	3,88%	5,60%	4,13%
Hamburg	5,11%	4,39%	5,26%	3,82%
Niedersachsen	10,12%	10,73%	11,90%	11,93%
Bremen	1,28%	1,33%	1,66%	1,91%
Nordrhein-Westfalen	27,27%	26,68%	28,54%	24,49%
Hessen	9,36%	9,47%	7,92%	9,14%
Rheinland-Pfalz	5,40%	6,43%	6,92%	5,68%
Saar	1,70%	1,91%	1,14%	2,88%
Baden-Württemberg	12,80%	12,06%	13,61%	12,91%
Bayern	17,57%	17,02%	11,10%	15,48%
	100	100	100	100

*) Zahlen aus ‚Handbuch der Justiz' 1970

Referendare

(an ordentlichen Gerichten, aber auch an besonderen Gerichten anzutreffen)

Verteilung der Interviews über die Länder in Ermangelung von Zahlenmaterial wie Verteilung für Assessoren.

Bundesrichter an ordentlichen Gerichten

Es kam nur der Bundesgerichtshof in Karlsruhe in Frage.

Bundesrichter an besonderen Gerichten

Entsprechend den in Frage kommenden Gerichten entfielen:

2 Interviews auf Karlsruhe
2 Interviews auf Berlin
3 Interviews auf München
3 Interviews auf Kassel

Verwaltungsjuristen, Juristen im Angestelltenverhältnis, die nicht als RA zugelassen sind

Verteilung der Interviews über die Länder:

	Verwaltungsjuristen*)	Juristen im Angestelltenverhältnis**)
Berlin	5,75%	3,08%
Schleswig-Holstein	4,16%	2,22%
Hamburg	4,29%	2,46%
Niedersachsen	10,88%	9,29%
Bremen	1,35%	1,18%
Nordrhein-Westfalen	26,21%	31,34%
Hessen	8,46%	8,75%
Rheinland-Pfalz	6,18%	4,73%
Saar	1,96%	1,96%
Baden-Württemberg	13,57%	18,72%
Bayern	17,19%	16,27%
	100	100

*) Verteilung aus: Personalstrukturerhebung am 2.10.69; Personal von Bund, Ländern, Gemeinden; Stat. Bundesamt, Fachserie L, Finanzen und Steuern

**) Verteilung aus: Statistisches Jahrbuch 1971, XII, Industrie und Handwerk – B. Industrie – 10. Beschäftigte der Betriebe 1970 nach Ländern

Rechtsanwälte/Anwaltsnotare, Notare, Steuerberater, Steuerbevollmächtigte, Wirtschaftsprüfer

Verteilung der Interviews über die Länder:

	Rechts-anwälte/ Anwalts-notare*)	Notare**)	Steuerberater, Steuer-bevollm., Wirtschafts-prüfer***)
Berlin	6,08%	–	5,72%
Schleswig-Holstein	3,30%	–	2,14%
Hamburg	7,12%	3,83%	7,20%
Niedersachsen	9,45%	–	7,05%
Bremen	1,58%	–	1,44%
Nordrhein-Westfalen	27,88%	17,81%	27,64%
Hessen	11,18%	–	9,47%
Rheinland-Pfalz	3,22%	11,10%	4,95%
Saar	0,92%	2,64%	2,50%
Baden-Württemberg	11,58%	40,26%	17,30%
Bayern	17,69%	24,36%	14,59%
	100	100	100

*) Nach Anwalts- und Notarverzeichnis der BRD 1970
**) dito
***) Verteilung der Steuerber. nach: Amtliche Mitteilungen der Steuerberaterkammer – 8. Jahrgang, Köln, 20. Juli 1972; Stand: 1. Jan. 1972
In Ermangelung von Verteilungszahlen für Steuerbevollmächtigte und Wirtschaftsprüfer wurden diese wie die Steuerberater verteilt.

Professoren, Assisten/Assistenzprofessoren, Studenten

Verteilung der Interviews über die Länder*)

Berlin	5,07%
Schleswig-Holstein	3,07%
Hamburg	7,08%
Niedersachsen	5,15%
Bremen	–
Nordrhein-Westfalen	29,61%
Hessen	11,26%
Rheinland-Pfalz	3,07%
Saar	2,52%
Baden-Württemberg	15,37%
Bayern	17,80%
	100

*) Verteilung für alle drei Gruppen aus: Studierende an wissenschaftlichen Hochschulen, nach Studienfächern und einzelnen Hochschulen/Bundesländern – in Stat. Bundesamt, Bevölkerung und Kultur, Reihe 10, V. Studenten an Hochschulen

533 Gewichtung

Um Aussagen über die Gesamtheit der Juristen, Steuerberater und Wirtschaftsprüfer in der Bundesrepublik und West-Berlin zu ermöglichen, wurde der disproportionale Stichprobenansatz so gewichtet, daß die einzelnen Teilgruppen in ihrem realen quantitativen Verhältnis zueinander ausgewiesen sind.

Als Grundgesamtheit wurden ca. 154 000 Juristen, Steuerberater und Wirtschaftsprüfer angenommen. (Die Zahlen für einige Teilgruppen sind geschätzt.)

Verteilung der Berufsgruppen innerhalb der Grundgesamtheit

Berufsgruppen	absolut	%
Staatsanwälte	2 351	1,5
Referendare	13 326	8,6
Richter an ordentlichen Gerichten	9 079	5,9
Richter an besonderen Gerichten	2 254	1,5
Bundesrichter an ordentlichen Gerichten	104	0,1
Bundesrichter an besonderen Gerichten	355	0,2
Gerichtsassessoren	2 109	1,4
Quelle: ‚Handbuch der Justiz 1970' R. von Decker's Verlag, Hamburg/Berlin 1970		
Verwaltungsjuristen	25 639	16,6
Quelle: Personalstrukturerhebung am 2.10.1968; Personal von Bund, Ländern, Gemeinden; Stat. Bundesamt, Fachserie L, Finanzen und Steuern		
Juristen im Angestelltenverhältnis	10 000	6,5
Quelle: Union der leitenden Angestellten Essen		
Rechtsanwälte/Anwaltsnotare	22 334	14,5
Notare	1 252	0,8
Quelle: Anwalts- und Notarverzeichnis der BRD 1970		
Steuerberater	5 278	3,4
Quelle: Amtliche Mitteilung der Bundessteuerberaterkammer, Köln, Juli 1972		
Steuerbevollmächtigte	20 796	13,5
Wirtschaftsprüfer	2 556	1,7
Quelle: Das juristische Informationssystem, Bericht der Projektgruppe BMJ/GMD/C-E-I-R, Januar 1972		
Professoren	600	0,4
Quelle: Lehrstuhlverzeichnis des Hochschulverbandes, 1970		
Assistenten	2 000	1,3
Quelle: Bundesassistentenkonferenz, Bonn 1972		
Studenten	34 044	22,1
Quelle: Stat. Bundesamt, Bevölkerung und Kultur, Reihe 10, V, Studenten an Hochschulen		
	154 077	100

Durch die Gewichtung ändern sich nicht die Aussagen für die Befragten der einzelnen Berufsgruppen, sondern nur die Aussagen für die Gesamtheit aller Befragten bzw. für analytisch gebildete Teilgruppen, die sich aus Befragten unterschiedlicher Berufsgruppen zusammensetzen.

Beispiel für die Auswirkung einer Gewichtung:

	ungewichteter disproportionaler Ansatz		
	Gesamt	Studenten	Professoren
Basis	400	200	200
zufrieden mit Informationen	50%	80%	20%
unzufrieden mit Informationen	50%	20%	80%
	100	100	100

	aus dem disproportionalen Ansatz gewichtete proportionale Verteilung		
	Gesamt	Studenten	Professoren
Basis	400	340	60
zufrieden mit Informationen	71%	80%	20%
unzufrieden mit Informationen	29%	20%	80%
	100	100	100

Skala I

Regelmäßig

Gelegentlich

Selten

Nie

6689

Skala I

A

Arbeite alleine

Arbeite als Sozius in einer Sozietät (u.ä.)

Arbeite mit (Anzahl bitte angeben) angestellten Rechtsanwälten, Wirtschaftsprüfern, Steuerberatern

Arbeite mit (Anzahl bitte angeben) rechtskundigen angestellten Sachbearbeitern

Arbeite mit (Anzahl bitte angeben) angestellten Hilfskräften (Sekretärinnen etc.)

6689

A

B

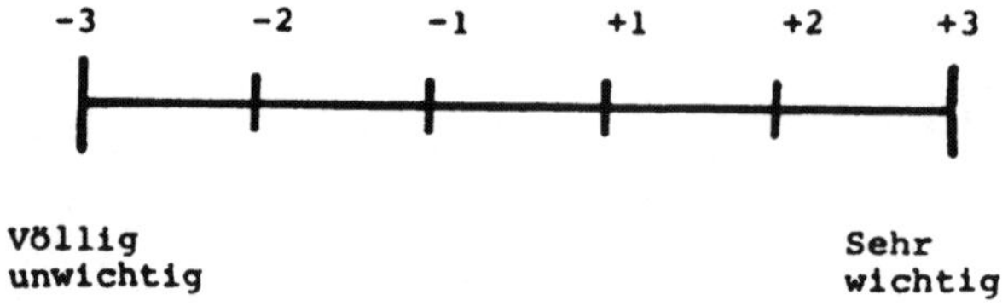

A Fachzeitschriften

B Kommentare

C Lehrbücher

D Monographien

E Gesetz- und Verordnungsblätter

F Ergänzungslieferungen zu Gesetzessammlungen

G Entscheidungssammlungen

H Behördliche Umläufe

J Ministerialblätter

K Skripten

L Repetitorien

M Tagespresse

N Vorträge

O Arbeitsgemeinschaften

P Dienstbesprechungen

Q Gespräche mit Kollegen

B

R Tagungen

C

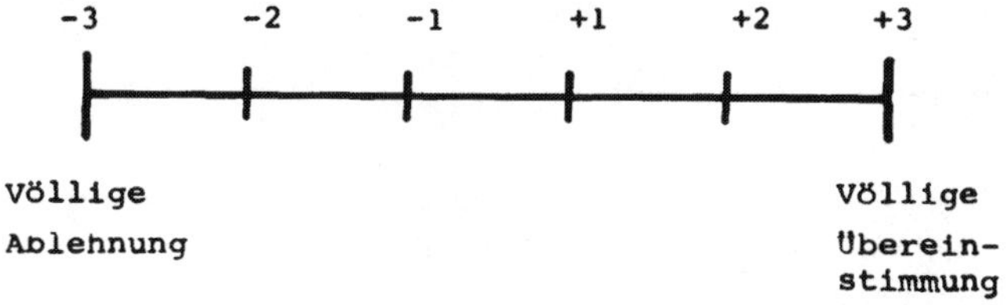

A Ich habe in meinem Beruf kurzfristige Entscheidungen zu treffen. Wichtig ist für mich deshalb die Schnelligkeit, mit der ich Informationen erhalte.

B Ich arbeite an diffizilen juristischen Problemlösungen, für die ich längere Zeit zur Verfügung habe. Wichtig ist für mich deshalb die Vollständigkeit allen einschlägigen Materials, auch wenn ich etwas länger darauf warten muß.

C Für mich wäre es ideal, wenn ich kurzfristig eine komprimierte Information über das vorhandene Material erhalten könnte und ein bis zwei Wochen später das von mir ausgewählte Material im Volltext.

D

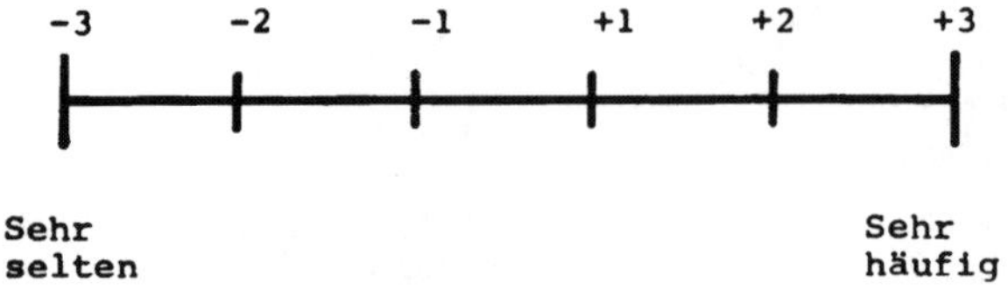

A Autorenregister

B Inhaltsübersichten

C Querverweise in Fußnoten

D Schlagwortregister

E Sachregister

F Gliederung des Textes

G Leitsätze

H Fundstellen

J Zitate im Text

K Paragraphenregister

L Erläuterung einer Norm in einem Kommentar und wissenschaftlicher Aufsatz zu einem Thema in einer Fachzeitschrift

6689

D

E

Zum Inhalt: Gesetze

Sonstige Normen

Verwaltungsvorschriften

Entscheidungen

Kommentierungen

Lehrbücher

Monographien

Wissenschaftliche Beiträge in Fachzeitschriften

Sonstiges, bitte angeben

Suchhilfen: Fundstellensammlungen

Leitsatzkartei

Stichwortkartei

Zettelkästen u.ä.

Paragraphenkartei, soweit es sich hierbei um selbständige Werke handelt

Sonstiges, bitte angeben

6689

E

F1

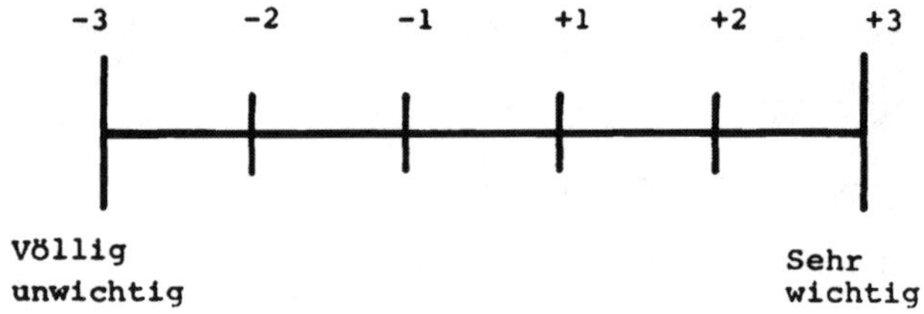

1. Gesetze
2. Verordnungen
3. Verwaltungsrichtlinien
4. Entscheidungen, veröffentlicht in amtl.Sammlungen
5. Entscheidungen, auf andere Art veröffentlicht
6. Literaturrezensionen in Fachzeitschriften
7. Entscheidungsrezensionen in Fachzeitschriften
8. Wissenschaftliche Aufsätze in Fachzeitschriften
9. Monographien
10. Kommentare
11. Lehrbücher

Sonstige Informationsart bitte angeben

6689

F1

F2

1. Gesetze
2. Verordnungen
3. Verwaltungsrichtlinien
4. Entscheidungen, veröffentlicht in amtl.Sammlungen
5. Entscheidungen, auf andere Art veröffentlicht
6. Literaturrezensionen in Fachzeitschriften
7. Entscheidungsrezensionen in Fachzeitschriften
8. Wissenschaftliche Aufsätze in Fachzeitschriften
9. Monographien
10. Kommentare
11. Lehrbücher

6689

F2

G

A Durch Kauf

B Aus dem privaten Bibliotheksbestand

C Im routinemäßigen Umlauf

D Aus Archiv/Bibliothek (hausintern)

E Aus Archiv/Bibliothek (extern)

F Aus Archiv/Bibliothek (außerhalb des Arbeitsortes, z.B. durch Fernleihe)

G

H

A Alle relevanten Dokumente in vollem Wortlaut

B Eine Auswahl der relevanten Dokumente im vollen Wortlaut

C Komprimate (Abstracts) aller relevanten Dokumente

D Eine Auswahl von Komprimaten (Abstracts) der relevanten Dokumente

E Bibliographischer Nachweis aller relevanten Dokumente

F Bibliographischer Nachweis einer Auswahl relevanter Dokumente

6689

J

1. Juristische Praxis, Darmstadt
2. NJW, München
3. Deutsches Steuerrecht, München
4. Betriebsberater, Heidelberg
5. Der Betrieb, Düsseldorf
6. Juristische Neuerscheinungen, Hannover
7. Das Standesamt, Frankfurt
8. Deutsche Rechtsprechung
9. Deutsche Richterzeitung, Köln
10. Wehrkunde, München
11. Die Fortbildung VWA-Nachrichten, Bochum
12. Eichholz-Brief, Wesseling
13. Juristische Arbeitsblätter, Berlin
14. Juristische Analysen, Bad Homburg
15. Neue wissenschaftliche Bücher nsb, Hannover
16. Juristenzeitung, Tübingen
17. Rechtsarchiv der Wirtschaft, Stuttgart
18. MDR, Hamburg
19. Deutsches Autorecht, München
20. GmbH-Rundschau, Köln
21. Verkehrsrechtliche Mitteilungen, Bonn
22. Bundesbaublatt, Wiesbaden
23. Heidelberger Blätter, Frankfurt
24. Sozialistische Politik, Berlin
25. Zeitschrift für das gesamte Familienrecht, Gadderb.
26. Rechtsprechung zum Wiedergutmachungsrecht, München
27. Arbeit und Recht, Köln
28. Die Kriegsopferversorgung, München
29. Blutalkohol, Hamburg
30. Deutsches Verwaltungsblatt, Köln
31. Blatt für Patent-, Muster- und Zeichenwesen, München
32. Rechtsprechung der Bauausführung, Düsseldorf
33. ZMR Zeitschrift für Miet- und Raumrecht, Düsseldorf
34. Gewerblicher Rechtsschutz und Urheberrecht, Weinheim
35. Zentralblatt für Sozialversicherung, Sozialhilfe und Versorgung, Düsseldorf
36. Blätter für Steuerrecht,Sozialversicherung und Arbeitsrecht,Neuwied
37. Ehe, Tübingen
38. Kritische Justiz, Frankfurt
39. Recht der Arbeit, München
40. Sammlung arbeitsrechtlicher Entscheidungen, Düsseldorf

Sonstiges bitte angeben

J

Speicherung von Informationen K

Formulararbeiten

Registerarbeiten

Buchführungsarbeiten, Rechnungswesen

Sonstige Arbeiten bitte angeben

6689

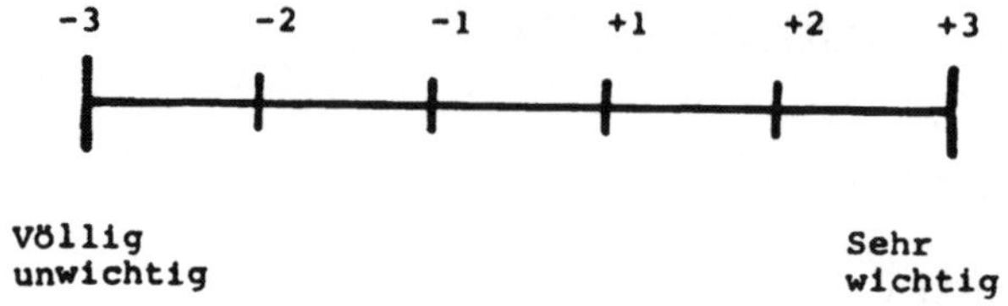

1a Alle Gesetze im vollen Wortlauf
b Alle Gesetze als Komprimate
c Fundstellenangabe zu allen Gesetzen
d Eine Auswahl von Gesetzen im vollen Wortlaut
e Eine Auswahl von Gesetzen als Komprimate
f Fundstellenangabe zu einer Auswahl von Gesetzen

2a Alle Verordnungen im vollen Wortlaut
b Alle Verordnungen als Komprimate
c Fundstellenangabe zu allen Verordnungen
d Eine Auswahl von Verordnungen im vollen Wortlaut
e Eine Auswahl von Verordnungen als Komprimate
f Fundstellenangabe zu einer Auswahl von Verordnungen

3a Alle Verwaltungsrichtlinien im vollen Wortlaut
b Alle Verwaltungsrichtlinien als Komprimate
c Fundstellenangabe zu allen Verwaltungsrichtlinien
d Eine Auswahl von Verwaltungsrichtlinien im vollen Wortlaut
e Eine Auswahl von Verwaltungsrichtlinien als Komprimate
f Fundstellenangabe zu einer Auswahl von Verwaltungsrichtlinien

4a Alle Entscheidungen im vollen Wortlaut
b Alle Entscheidungen in Leitsätzen
c Fundstellenangabe zu allen Entscheidungen
d Eine Auswahl von Entscheidungen im vollen Wortlaut
e Eine Auswahl von Entscheidungen in Leitsätzen
f Fundstellenangabe zu einer Auswahl von Entscheidungen

Fortsetzung auf Rückseite

L

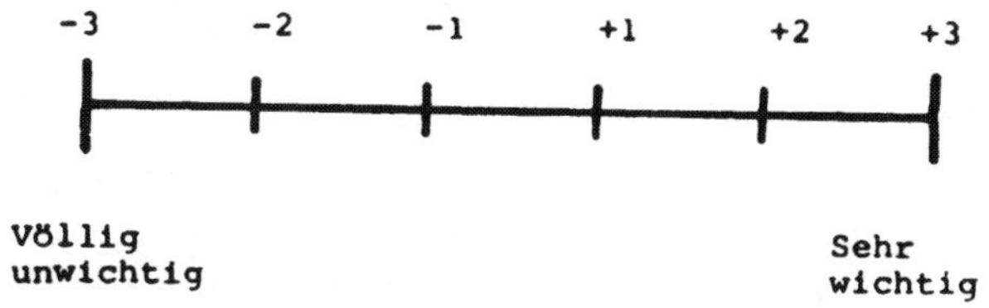

5a Alle Beiträge in Fachzeitschriften im vollen Wortlaut

b Alle Beiträge in Fachzeitschriften als Komprimate

c Fundstellenangabe zu allen Beiträgen in Fachzeitschriften

d Eine Auswahl von Beiträgen in Fachzeitschriften im vollen Wortlaut

e Eine Auswahl von Beiträgen in Fachzeitschriften als Komprimate

f Fundstellenangabe zu einer Auswahl von Beiträgen in Fachzeitschriften

6a Alle Monographien im vollen Wortlaut

b Alle Monographien als Komprimate

c Fundstellenangabe zu allen Monographien

d Eine Auswahl von Monographien im vollen Wortlaut

e Eine Auswahl von Monographien als Komprimate

f Fundstellenangabe zu einer Auswahl von Monographien

7a Alle Lehrbücher im vollen Wortlaut

b Alle Lehrbücher als Komprimate

c Fundstellenangabe zu allen Lehrbüchern

d Eine Auswahl von Lehrbüchern im vollen Wortlaut

e Eine Auswahl von Lehrbüchern als Komprimate

f Fundstellenangabe zu einer Auswahl von Lehrbüchern

8a Alle Kommentare im vollen Wortlaut

b Alle Kommentare als Komprimate

c Fundstellenangabe zu allen Kommentaren

d Eine Auswahl von Kommentaren im vollen Wortlaut

e Eine Auswahl von Kommentaren als Komprimate

f Fundstellenangabe zu einer Auswahl von Kommentaren

L

M

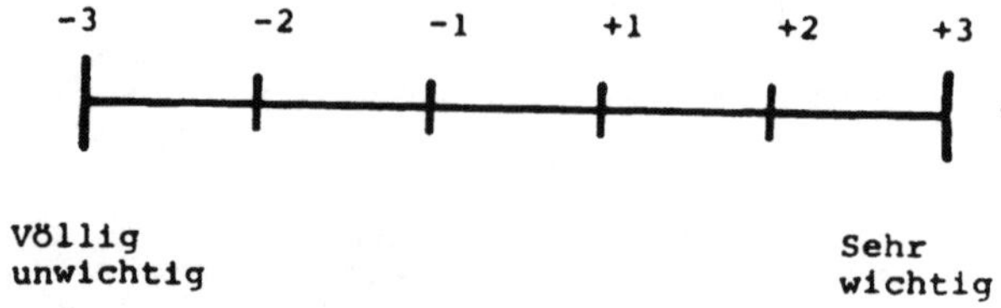

A Einsparen eigener Arbeitszeit

B Einsparen der Arbeitszeit von Mitarbeitern

C Einsparen von Literaturkosten

D Leichterer Zugriff zu den neuesten Informationen

E Problemorientierte Aufbereitung der Information

F Einsparung von Telefonkosten

G Schnellerer Bezug von Informationen

H Umfassendere Information

J Exaktere Informationen

K Objektivere Informationen

6689

M

N

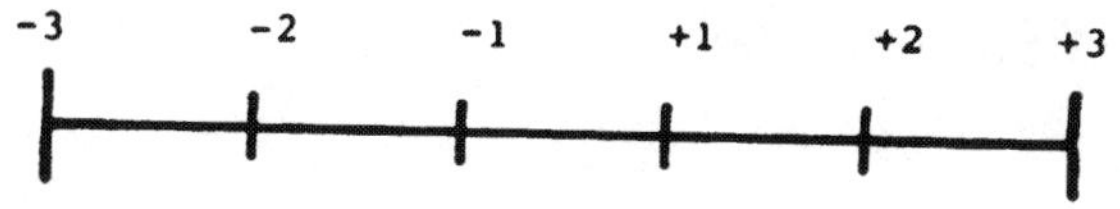

Völlige Ablehnung

Völlige Übereinstimmung

A Eine juristische Datenbank ist nicht in der Lage, zur schöpferischen Fortentwicklung des Rechts beizutragen, weil sie nur den bestehenden Zustand dokumentiert

B Eine juristische Datenbank trägt dazu bei, die Zahl der Prozesse und der Rechtsmittel zu verringern, da sie bereits vorher alle einschlägigen Informationen zur Verfügung stellt

C Eine juristische Datenbank fördert die Chancenungleichheit unter den Juristen, wenn der Zugang zu Informationen aus der Datenbank kapitalabhängig wäre

D Eine juristische Datenbank führt zu maximaler Objektivität im Rechtswesen

E Eine juristische Datenbank fördert den Präjudizienkult

F Eine juristische Datenbank verleitet zu "kalter Objektivität" auch in solchen Fällen, in denen persönliche oder subjektive Gesichtspunkte berücksichtigt werden müssen

G Eine juristische Datenbank fördert die Chancengleichheit unter den Juristen, da alle Juristen die gleichen umfassenden Informationen erhalten können

6689

N

O

Schule	Volksschule
	Mittelschule
	Gymnasium ohne Abitur
	Gymnasium mit Abitur
Studium	1. juristisches Staatsexamen
	2. juristisches Staatsexamen
	Kein juristisches, sondern anderes akademisches Examen, bitte angeben welches
	Promotion in welcher Fakultät?
	Habilitation

Sonstige Ausbildung (z.B. Steuerberaterprüfung), bitte angeben welche

6689

O

INFRATEST GMBH & CO.KG

MARKTFORSCHUNG · SOZIALFORSCHUNG

ARBEITSKREIS DEUTSCHER MARKTFORSCHUNGSINSTITUTE E.V. BONN — ADM

Forschungsprojekt-Nr. 6689

August 1972

Karte I

Nr.	Frage	Antwort	Sp.	Code	Weiter mit Frage
1.	Wir führen zur Zeit im Auftrag des Bundesministeriums der Justiz eine Umfrage bei Juristen durch. Dabei interessiert das Ministerium, wie Juristen in Ihrem Beruf zu den notwendigen fachlichen Informationen gelangen. Wir befragen: Richter, Staatsanwälte, Verwaltungsjuristen, Rechtsanwälte, Steuerberater, Steuerbevollmächtigte, Wirtschaftsprüfer, Professoren, Dozenten, Assistenten und Studenten der Jurisprudenz Referendare, Juristen im Angestelltenverhältnis INT: Vergewissern Sie sich bitte, ob der angegebene Beruf der Quotenvorgabe entspricht und kreuzen Sie ihn an! Sind Sie . . . ?	Richter	11	9( )	3
		Staatsanwalt		8( )	
		Verwaltungsjurist		7( )	2
		Rechtsanwalt		6( )	5
		Steuerberater, Steuerbevollmächtigter		5( )	
		Wirtschaftsprüfer		4( )	
		Professor		3( )	9
		Dozent,		2( )	
		Assistenzprofessor		1( )	
		Assistent		0( )	
		Student	12	9( )	
		Referendar		8( )	10
		Jurist im Angestelltenverhältnis, soweit nicht als Rechtsanwalt, Steuerberater oder Wirtschaftsprüfer zugelassen		7( ) 6	7A
2.	Welches ist Ihre vorwiegende Tätigkeit in diesem Amt? Gesetzesvorbereitende oder rechtsanwendende und rechtsauslegende Tätigkeit?	Gesetzesvorbereitende Tätigkeit	13	9( )	3
		Rechtsanwendende und rechtsauslegende Tätigkeit		8( ) 7	
3.	Wie lautet die genaue Bezeichnung Ihrer Behörde und Ihrer Abteilung? INT: Genaue Angabe verlangen, (z.B. nicht nur "Landgericht", sondern "Entschädigungskammer beim Landgericht" oder "Generalstaatsanwalt bei dem Obersten Landesgericht")	__________ __________ __________ __________ __________	14-16	0	4

Nr.	Frage	Antwort	Sp.	Code	Weiter mit Frage
4.	Welchen Dienstrang nehmen Sie zur Zeit ein? INT: Genaue Angabe verlangen (z. B. nicht nur Rat sondern Amtsgerichtsrat)	______ ______ ______	17/18	0	11
5.	Sind Sie selbständig oder sind Sie als Angestellter tätig?	Selbständig	19	9( )	6
		Angestellter		8( ) 7	7A
6.	Was von dieser Liste trifft für Sie zu? INT: Liste A vorlegen! Mehrere Nennungen möglich!	Arbeite alleine	20	9( )	8
		Arbeite als Sozius in einer Sozietät (u. ä.)		8( )	
		Arbeite mit ______ (Anzahl) angestellten Rechtsanwälten, Wirtschaftsprüfern, Steuerberatern	21		
		Arbeite mit ______ (Anzahl) rechtskundigen angestellten Sachbearbeitern	22		
		Arbeite mit ______ (Anzahl) angestellten Hilfskräften (Sekretärinnen etc.)	23 20/0		
7. A	Wie viele Mitarbeiter hat die Firma, in der Sie arbeiten? Wie viele davon sind Rechtsanwälte, Steuerberater oder Wirtschaftsprüfer? Wie viele rechtskundige angestellte Sachbearbeiter hat die Firma, in der Sie arbeiten? Wie viele sonstige Hilfskräfte, die mir Rechtsproblemen beschäftigt werden (z. B. Sekretärinnen) hat die Firma?	A: Firma insgesamt / B: Eigene Abteilung Zahl der Mitarbeiter insgesamt: ______ 24-26 / ______ 33/34 Zahl der Rechtsanwälte, Steuerberater, Wirtschaftsprüfer: ______ 27/28 / ______ 35/36 Zahl der rechtskundigen angestellten Sachbearbeiter: ______ 29/30 / ______ 37/38 Zahl der Hilfskräfte: ______ 31/32 / ______ 39/40			8
B	Und wie ist das in Ihrer eigenen Abteilung?				
8.	Wieviel Prozent der Fälle in Ihrer beruflichen Praxis ähneln früheren Fällen so sehr, daß Sie zu Ihrer rechtlichen Bearbeitung keine neuen juristischen Informationen beschaffen müssen und wieviel Prozent sind neue Fälle, in denen über die Formalien hinaus für die Prüfung der Rechtsprobleme neue Informationen erforderlich sind?	______% Wiederholungsfälle ______% Neue Fälle	41 42		11
9.	An welcher Hochschule arbeiten Sie?	______ (Name der Hochschule)	43-45	0	11
	An welchem Seminar/Institut arbeiten Sie?	______ (Name des Seminars/Instituts)	46/47	0	

Nr.	Frage	Antwort	Sp.	Code	Weiter mit Frage
10.	In welcher Ausbildungsstation befinden Sie sich?	______________________	48	0	11
11.	Haben Sie sich auf ein oder auf mehrere bestimmte juristische Gebiete spezialisiert? Nennen Sie die Gebiete bitte in der Reihenfolge der Bedeutung für Sie! INT: Genaue Angabe verlangen (z. B. nicht nur Zivilrecht, sondern Erbrecht usw.)	Ja, und zwar: 1. ______________________ 2. ______________________ 3. ______________________	49/50 51/52 53/54		12
		Nein	55	1( ) 0	
12.	Wie stark sind Sie in Ihrer beruflichen Tätigkeit auf die fortlaufende Belieferung mit Informationen angewiesen, um fachlich auf dem laufenden zu bleiben? Sehr stark, stark, mittel oder weniger?	Sehr stark	56	9( )	13
		Stark		8( )	
		Mittel		7( )	
		Weniger		6( ) 5	
13.	INT: Liste B vorlegen! Ich habe hier eine Liste mit möglichen Informationsquellen. Können Sie mir bitte anhand der obenstehenden Skala sagen, wie wichtig die einzelnen Informationsquellen für Sie persönlich sind, um fachlich auf dem laufenden zu bleiben? Dabei bedeutet +3 "sehr wichtig" und -3 "völlig unwichtig".	Skalenwert			14
		A Fachzeitschriften ______	57		
		B Kommentare ______	58		
		C Lehrbücher ______	59		
		D Monographien ______	60		
		E Gesetz- und Verordnungsblätter ______	61		
		F Ergänzungslieferungen zu Gesetzessammlungen ______	62		
		G Entscheidungssammlungen ______	63		
		H Behördliche Umläufe ______	64		
		J Ministerialblätter ______	65		
		K Skripten ______	66		
		L Repetitorien ______	67		
		M Tagespresse ______	68		
		N Vorträge ______	69		
		O Arbeitsgemeinschaften ______	70		
		P Dienstbesprechungen ______	71		
		Q Gespräche mit Kollegen ______	72		
		R Tagungen ______	73		
			73/9		

Nr.	Frage	Antwort	Sp. Code	Weiter mit Frage
14.	Wenn Sie an den Ablauf einer normalen Arbeitswoche denken, wie viele Stunden verwenden Sie da wöchentlich, um in Ihren Fachgebieten auf dem laufenden zu bleiben?	______Stunden	74/75	15
15.	INT: Liste C vorlegen! Bei einer Diskussion über Berufsprobleme konnte man von Juristen diese drei Äußerungen hören. Können Sie mir bitte anhand der obenstehenden Skala sagen, wie sehr Sie mit jeder Meinung übereinstimmen bzw. nicht übereinstimmen. +3 bedeutet: "Völlige Übereinstimmung" -3 bedeutet: "Völlige Ablehnung"	Skalenwert A "Ich habe in meinem Beruf kurzfristig Entscheidungen zu treffen. Wichtig ist für mich deshalb die Schnelligkeit, mit der ich Informationen erhalte." ______ B "Ich arbeite an diffizilen juristischen Problemlösungen, für die ich längere Zeit zur Verfügung habe. Wichtig ist für mich deshalb die Vollständigkeit allen einschlägigen Materials, auch wenn ich etwas länger darauf warten muß." ______ C "Für mich wäre es ideal, wenn ich kurzfristig eine komprimierte Information über das vorhandene Material erhalten könnte und ein bis zwei Wochen später das von mir ausgewählte Material im Volltext." ______	 76 77 78	16
16.	Bei der Suche nach juristischen Informationen stehen eine Reihe von Hilfsmitteln zur Verfügung. Einige stehen auf dieser Liste. INT: Liste D vorlegen und bis Frage 17B liegenlassen! Sagen Sie mir bitte anhand der obenstehenden Skala, wie häufig Sie die einzelnen Suchhilfen benutzen. +3 bedeutet: "Sehr häufig" -3 bedeutet: "Sehr selten"	Skalenwert A Autorenregister ______ B Inhaltsübersichten ______ C Querverweise in Fußnoten ______ D Schlagwortregister ______ E Sachregister ______ F Gliederungen des Textes ______ G Leitsätze ______ H Fundstellen ______ J Zitate im Text ______ K Paragraphenregister ______ L Erläuterung einer Norm in einem Kommentar und wissenschaftlicher Aufsatz zu einem Thema in einer Fachzeitschrift ______	Karte II 11 12 13 14 15 16 17 18 19 20 21 21/9	17A

Nr.	Frage		Antwort	Frage 17A Reihenfolge	Frage 17B Reihenfolge	Weiter mit Frage
17. A	Viele, die beruflich auf juristische Informationen angewiesen sind, haben eine spezifische Suchpraxis entwickelt. Können Sie angeben, in welcher Reihenfolge Sie persönlich im allgemeinen die Suchhilfen auf dieser Liste benutzen? INT: Reihenfolge eintragen!	A	Autorenregister	22	33	
		B	Inhaltsübersichten	23	34	
		C	Querverweise in Fußnoten	24	35	
		D	Schlagwortregister	25	36	
17. B	Und können Sie angeben, in welcher Reihenfolge Sie persönlich die Suchhilfen auf dieser Liste benutzen würden, wenn alle Hilfsmittel zur Verfügung stünden? INT: Reihenfolge eintragen!	E	Sachregister	26	37	
		F	Gliederungen des Textes	27	38	
		G	Leitsätze	28	39	18
		H	Fundstellen	29	40	
		J	Zitate im Text	30	41	
		K	Paragraphenregister	31	42	
		L	Erläuterungen einer Norm in einem Kommentar und wissenschaftlicher Aufsatz zu einem Thema in einer Fachzeitschrift	32	43	
	Nicht für Interviewer! 0 = 10; 0 und 1 = 11; 0 und 2 = KA		Ich habe keine spezifische Suchpraxis entwickelt. Die Reihenfolge ändert sich daher von Fall zu Fall	44/2	44 1( ) 0	

Nr.	Frage	Antwort	Sp.	Code	Weiter mit Frage
18.	Wenn Sie an die Ergebnisse Ihrer derzeitigen Suchpraxis nach juristisch relevanten Dokumenten und Veröffentlichungen denken, erhalten Sie dann immer optimale Informationen, oder meistens optimale Informationen oder sind Sie mit dem Sucherfolg im allgemeinen weniger zufrieden?	Immer optimale Informationen	45	9( )	20
		Meistens optimale Informationen		8( )	19
		Weniger zufriedenstellende Informationen		7( ) 6	

Nr.	Frage	Antwort	Sp.	Code	Weiter mit Frage
19.	Worin sehen Sie die Gründe, daß die Sucherfolge nicht immer optimal oder weniger zufriedenstellend sind?	Zeitmangel	46	9( )	
		Verzögerter Umlauf von wichtigen Papieren, Zeitschriften		8( )	
		Literatur nicht in der Bibliothek erhältlich		7( )	
		Veraltete Literatur		6( )	
		Informationen zu verstreut		5( )	20
		Lückenhafte Aufbereitung		4( )	
		Unvollkommene Suchhilfen		3( )	
		Andere Gründe, und zwar:			
		____________	47		
		____________			
		____________		0	
20.	Wieviel DM haben Sie persönlich in den vergangenen 12 Monaten für die Beschaffung von gedruckten juristischen Informationen aufgewendet?	____________ DM	48/49		21
	Rechnen Sie bitte alle Ausgaben für einschlägige Zeitschriften, Bücher, Kommentare, Lose-Blatt-Sammlungen, Entscheidungssammlungen, Ergänzungslieferungen usw. zusammen.	0 DM, da alle benötigten gedruckten juristischen Informationen mir in meiner Dienststelle kostenlos zur Verfügung stehen	50	1( ) 0	
21.	Wenn Sie die gesamte juristische Information, die Sie erhalten, als 100 % nehmen, wieviel Prozent fallen dabei auf die routinemäßige Information, um fachlich auf dem laufenden zu bleiben, und wieviel Prozent fallen auf die problemorientierte, fallbezogene Information?	Routinemäßige Information ________ %	51,52		22
		Problemorientierte Information ________ %	53,54		
		100 %			
22.	Denken Sie jetzt einmal an die juristische Information, die Sie bei einer problemorientierten Suche auch wirklich erhalten. Wenn Sie alle für Ihr Problem irgendwie relevanten Informationen gleich 100 % setzen würden, schätzen Sie bitte, wieviel Prozent der gesuchten problemorientierten Informationen Sie sich in der Regel beschaffen können?	________ %	55,56		23
23.	Wieviel Prozent der von Ihnen benötigten juristischen Informationen könnten Sie sich von Mitarbeitern selbständig suchen lassen, die kein juristisches Examen haben?	________ %	57,58		24
		Keine Informationen	58	1( ) 0	25

Nr.	Frage	Antwort	Sp.	Code	Weiter mit Frage
24.	Und um welche Arten juristischer Informationen könnte es sich dabei handeln?	Gesamter Informationsbedarf	59	9( )	
		Grobe Orientierung		8( )	
		Routinemäßige Information		7( )	
		Literatursuche		6( )	
		Literaturzusammenstellung		5( )	
		Fundstellensuche		4( )	25
		Entscheidungssuche		3( )	
		Kommentare		2( )	
		Gesetzestexte		1( )	
		Aktensuche		0( )	
		Genau abgegrenzte Spezialaufgaben	60	9( )	
		Sonstige Informationen, und zwar: ______ ______		0	
25.	Delegieren Sie die Suche nach von Ihnen benötigten juristischen Informationen regelmäßig, häufig, gelegentlich, selten oder nie? INT: Bei Rückfragen: Dabei ist sowohl an festangestellte Mitarbeiter als auch an Referendare gedacht.	Regelmäßig	61	9( )	
		Häufig		8( )	
		Gelegentlich		7( )	27
		Selten		6( )	
		Nie		5( ) 4	26
26.	Könnten Sie jetzt noch einmal kurz erklären, weshalb Sie die Informationssuche nie delegieren?	______ ______ ______	62	0	30
27.	Sind Sie mit den Informationen, die Sie dabei erhalten, im allgemeinen sehr zufrieden, zufrieden, weniger zufrieden oder nicht zufrieden?	Sehr zufrieden	63	9( )	29
		Zufrieden		8( )	
		Weniger zufrieden		7( )	28
		Nicht zufrieden		6( ) 5	

Nr.	Frage	Antwort	Sp.	Code	Weiter mit Frage
28.	Wo liegen Ihrer Ansicht nach die hauptsächlichen Gründe dafür, daß Sie mit den Informationen Ihrer Mitarbeiter weniger zufrieden oder nicht zufrieden sind?	Mangelhafte Ausbildung	64	9( )	
	Sehen Sie die Ursachen in der mangelhaften Ausbildung Ihrer Mitarbeiter oder sind es andere Gründe, welche?	Andere Gründe, und zwar: ______ ______ ______	65/0		29
29.	Welche Schul- bzw. Hochschulausbildung hat der Mitarbeiterkreis, an den Sie Ihre Informationssuche delegieren? Nennen Sie mir bitte jeweils die höchste Ausbildungsstufe.	Volksschule	66	9( )	
	INT: Nennungen für mehrere Personen möglich!	Mittel (Real-)-Schule		8( )	
		Abitur		7( )	
		Juristische Ausbildung ohne Abschluß		6( )	30
		Juristische Ausbildung mit 1. Staatsexamen		5( )	
		Juristische Ausbildung mit 2. Staatsexamen		4( )	
		Sonstige Examen, und zwar: ______ ______	67		
		Weiß nicht		1( ) 0	
30.	Besitzen Sie für Ihren eigenen beruflichen Gebrauch Informationssammlungen, z.B. Bücher, Kartei- oder Lose-Blatt-Sammlungen?	Ja	68	9( )	31
		Nein		8( ) 7	32
31.	Woraus bestehen diese Sammlungen und was ist in diesen Sammlungen enthalten?	Zum Inhalt: Gesetze	69	9( )	
	INT: Liste E vorlegen!	Sonstige Normen		8( )	
		Verwaltungsvorschriften		7( )	
		Entscheidungen		6( )	
		Kommentierungen		5( )	
		Lehrbücher		4( )	
		Monographien		3( )	
		Wissenschaftliche Beiträge in Fachzeitschriften		2( )	
		Sonstiges, und zwar: ______	70		32
		Suchhilfen: Fundstellensammlungen	71	9( )	
		Leitsatzkartei		8( )	
		Stichwortkartei		7( )	
		Zettelkästen u.ä.		6( )	
		Paragraphenkartei, soweit es sich hierbei um selbständige Werke handelt		5( )	
		Sonstiges, und zwar: ______	72 72 0		

Nr.	Frage	Antwort	Sp.	Code	Weiter mit Frage
32.	Es kommt ja vor, daß man Entscheidungen trifft, die nicht dem neuesten Stand entsprechen, nur weil man notwendige aktuelle Informationen zur Beurteilung der Rechtslage zu spät oder überhaupt nicht erhält. Wie oft kommt dieser Fall in Ihrer beruflichen Praxis vor? Sehr oft, oft, manchmal, selten oder nie?	Sehr oft Oft Manchmal Selten Nie	72	9( ) 8( ) 7( ) 6( ) 5( ) 4	33 34
33.	Können Sie kurz einige Ursachen für die verspätete oder ausbleibende Information nennen? INT: Bei nur einer Nennung nochmals fragen!	1. ________ 2. ________ 3. ________ 4. ________ 5. ________ 6. ________	74,75	0	34
34.	INT: Liste F1 vorlegen! Ich habe hier eine Liste mit verschiedenen Informationsarten, die für Ihre Arbeit von Bedeutung sein könnten. Sagen Sie mir bitte anhand der obenstehenden Skala, wie wichtig die einzelnen Informationsarten für Ihre Arbeit sind. +3 bedeutet "sehr wichtig" -3 bedeutet "völlig unwichtig".	Informationsart: Skalenwert Nr. 1 ____ Nr. 2 ____ Nr. 3 ____ Nr. 4 ____ Nr. 5 ____ Nr. 6 ____ Nr. 7 ____ Nr. 8 ____ Nr. 9 ____ Nr. 10 ____ Nr. 11 ____ Sonstiges, und zwar: ________ ____	Karte III 11 12 13 14 15 16 17 18 19 20 21 22 22/9		35

Nr.	Frage	Antwort	Sp. Code	Weiter mit Frage
35.	Wie oft kommt es vor, daß Sie das Gesuchte nicht finden bzw. nicht beschaffen können? Häufig, manchmal, selten oder nie? Sagen Sie es mir bitte wieder für jeden Punkt. INT: Liste F 2 vorlegen und bis Frage 38 liegenlassen!			36

Informationsart	Häufig	Manchmal	Selten	Nie	Nicht benötigt
Nr. 1	23/9( )	8( )	7( )	6( )	5( ) 4
Nr. 2	24/9( )	8( )	7( )	6( )	5( ) 4
Nr. 3	25/9( )	8( )	7( )	6( )	5( ) 4
Nr. 4	26/9( )	8( )	7( )	6( )	5( ) 4
Nr. 5	27/9( )	8( )	7( )	6( )	5( ) 4
Nr. 6	28/9( )	8( )	7( )	6( )	5( ) 4
Nr. 7	29/9( )	8( )	7( )	6( )	5( ) 4
Nr. 8	30/9( )	8( )	7( )	6( )	5( ) 4
Nr. 9	31/9( )	8( )	7( )	6( )	5( ) 4
Nr. 10	32/9( )	8( )	7( )	6( )	5( ) 4
Nr. 11	33/9( )	8( )	7( )	6( )	5( ) 4

33/0

Nr.	Frage	Antwort	Sp. Code	Weiter mit Frage
36.	In welcher Zeit sind in der Regel die von Ihnen gesuchten Informationen verfügbar? INT: Je nach Angaben des Befragten Zahl der Stunden, Tage oder Wochen eintragen!			37

Informationsart	Stunden	Tage	Wochen	Nicht benötigt
Nr. 1	34 ____	35/36 ____	____	9( ) 0
Nr. 2	37 ____	38/39 ____	____	9( ) 0
Nr. 3	40 ____	41/42 ____	____	9( ) 0
Nr. 4	43 ____	44/45 ____	____	9( ) 0
Nr. 5	46 ____	47/48 ____	____	9( ) 0
Nr. 6	49 ____	50/51 ____	____	9( ) 0
Nr. 7	52 ____	53/54 ____	____	9( ) 0
Nr. 8	55 ____	56/57 ____	____	9( ) 0
Nr. 9	58 ____	59/60 ____	____	9( ) 0
Nr. 10	61 ____	62/63 ____	____	9( ) 0
Nr. 11	64 ____	65/66 ____	____	9( ) 0

66/8

Nr.	Frage	Antwort	Sp.	Code	Weiter mit Frage

37. Wo beschaffen Sie sich diese Informationen im allgemeinen?

Sagen Sie es mir bitte wieder für jede benötigte Informationsart einzeln.

> INT: Zusätzlich Liste G vorlegen!
> Pro Art mehrere Nennungen möglich!
>
> A = Durch Kauf
> B = Aus dem privaten Bibliotheksbestand
> C = Im routinemäßigen Umlauf
> D = Aus Archiv/Bibliothek (hausintern)
> E = Aus Archiv/Bibliothek (extern)
> F = Aus Archiv/Bibliothek (außerhalb des Arbeitsortes, z.B. durch Fernleihe)

Informationsart	Bezugsort A	B	C	D	E	F	Nicht benötigt	Weiter mit Frage
Nr. 1	67/9( )	8( )	7( )	6( )	5( )	4( )	3( ) 2	
Nr. 2	68/9( )	8( )	7( )	6( )	5( )	4( )	3( ) 2	
Nr. 3	69/9( )	8( )	7( )	6( )	5( )	4( )	3( ) 2	
Nr. 4	70/9( )	8( )	7( )	6( )	5( )	4( )	3( ) 2	
Nr. 5	71/9( )	8( )	7( )	6( )	5( )	4( )	3( ) 2	
Nr. 6	72/9( )	8( )	7( )	6( )	5( )	4( )	3( ) 2	
Nr. 7	73/9( )	8( )	7( )	6( )	5( )	4( )	3( ) 2	38
Nr. 8	74/9( )	8( )	7( )	6( )	5( )	4( )	3( ) 2	
Nr. 9	75/9( )	8( )	7( )	6( )	5( )	4( )	3( ) 2	
Nr. 10	76/9( )	8( )	7( )	6( )	5( )	4( )	3( ) 2	
Nr. 11	77/9( )	8( )	7( )	6( )	5( )	4( )	3( ) 2	
							77/0	

38. Bitte würden Sie mir nun noch anhand dieser Liste zu jeder Informationsart sagen, in welcher Form und Vollständigkeit Sie diese juristischen Informationen in Ihrer Arbeit benötigen?

> INT: Zusätzlich Liste H vorlegen!
> Pro Art mehrere Nennungen möglich!
>
> A = Alle relevanten Dokumente in vollem Wortlaut
> B = Eine Auswahl der relevanten Dokumente im vollen Wortlaut
> C = Komprimate (Abstracts) aller relevanten Dokumente
> D = Eine Auswahl von Komprimaten (Abstracts) der relevanten Dokumente
> E = Bibliographischer Nachweis aller relevanten Dokumente
> F = Bibliographischer Nachweis einer Auswahl relevanter Dokumente

Karte IV

Informationsart	Aufbereitungsart A	B	C	D	E	F	Nicht benötigt	Weiter mit Frage
Nr. 1	11/9( )	8( )	7( )	6( )	5( )	4( )	3( ) 2	
Nr. 2	12/9( )	8( )	7( )	6( )	5( )	4( )	3( ) 2	
Nr. 3	13/9( )	8( )	7( )	6( )	5( )	4( )	3( ) 2	
Nr. 4	14/9( )	8( )	7( )	6( )	5( )	4( )	3( ) 2	
Nr. 5	15/9( )	8( )	7( )	6( )	5( )	4( )	3( ) 2	
Nr. 6	16/9( )	8( )	7( )	6( )	5( )	4( )	3( ) 2	
Nr. 7	17/9( )	8( )	7( )	6( )	5( )	4( )	3( ) 2	39
Nr. 8	18/9( )	8( )	7( )	6( )	5( )	4( )	3( ) 2	
Nr. 9	19/9( )	8( )	7( )	6( )	5( )	4( )	3( ) 2	
Nr. 10	20/9( )	8( )	7( )	6( )	5( )	4( )	3( ) 2	
Nr. 11	21/9( )	8( )	7( )	6( )	5( )	4( )	3( ) 2	
							21/0	

(39) Würden Sie mir bitte anhand dieser Liste, die nach Auflagenstärke der Zeitschriften geordnet ist, sagen, welche Fachzeitschriften Sie in den letzten drei Monaten in der Hand hatten?

‖ INT: Liste J vorlegen und genannte Titel ankreuzen! ‖

40. ‖ INT: Für alle Titel, die lt. Frage (39) in den letzten drei Monaten "schon in der Hand gehabt", fragen: ‖

Sagen Sie mir bitte anhand dieser Verbalskala, wie oft Sie . . . lesen oder durchblättern.

‖ INT: Skala I vorlegen! ‖

	Frage 39 In den letzten 3 Monaten in der Hand gehabt	Frage 40 Regelmäßig	Gelegentlich	Selten	Nie	
1. Juristische Praxis, Darmstadt	22/9( )	27/9( )	8( )	7( )	6( )	5
2. NJW, München	8( )	4( )	3( )	2( )	1( )	0
3. Deutsches Steuerrecht, München	7( )	28/9( )	8( )	7( )	6( )	5
4. Betriebsberater, Heidelberg	6( )	4( )	3( )	2( )	1( )	0
5. Der Betrieb, Düsseldorf	5( )	29/9( )	8( )	7( )	6( )	5
6. Juristische Neuerscheinungen, Hannover	4( )	4( )	3( )	2( )	1( )	0
7. Das Standesamt, Frankfurt	3( )	30/9( )	8( )	7( )	6( )	5
8. Deutsche Rechtsprechung	2( )	4( )	3( )	2( )	1( )	0
9. Deutsche Richterzeitung, Köln	1( )	31/9( )	8( )	7( )	6( )	5
10. Wehrkunde, München	0( )	4( )	3( )	2( )	1( )	0
11. Die Fortbildung VWA-Nachrichten, Bochum	23/9( )	32/9( )	8( )	7( )	6( )	5
12. Eichholz-Brief, Wesseling	8( )	4( )	3( )	2( )	1( )	0
13. Juristische Arbeitsblätter, Berlin	7( )	33/9( )	8( )	7( )	6( )	5
14. Juristische Analysen, Bad Homburg	6( )	4( )	3( )	2( )	1( )	0
15. Neue wissenschaftliche Bücher nsb, Hannover	5( )	34/9( )	8( )	7( )	6( )	5
16. Juristenzeitung, Tübingen	4( )	3( )	2( )	1( )	0( )	
17. Rechtsarchiv der Wirtschaft, Stuttgart	3( )	35/9( )	8( )	7( )	6( )	5
18. MDR, Hamburg	2( )	4( )	3( )	2( )	1( )	0
19. Deutsches Autorecht, München	1( )	36/9( )	8( )	7( )	6( )	5
20. GmbH-Rundschau, Köln	0( )	4( )	3( )	2( )	1( )	0
21. Verkehrsrechtliche Mitteilungen, Bonn	24/9( )	37/9( )	8( )	7( )	6( )	5
22. Bundesbaublatt, Wiesbaden	8( )	4( )	3( )	2( )	1( )	0
23. Heidelberger Blätter, Frankfurt	7( )	38/9( )	8( )	7( )	6( )	5
24. Sozialistische Politik, Berlin	6( )	4( )	3( )	2( )	1( )	0
25. Zeitschrift für das gesamte Familienrecht, Gadderb.	5( )	39/9( )	8( )	7( )	6( )	5
26. Rechtsprechung zum Wiedergutmachungsrecht München	4( )	4( )	3( )	2( )	1( )	0
27. Arbeit und Recht, Köln	3( )	40/9( )	8( )	7( )	6( )	5
28. Die Kriegsopferversorgung, München	2( )	4( )	3( )	2( )	1( )	0
29. Blutalkohol, Hamburg	1( )	41/9( )	8( )	7( )	6( )	5
30. Deutsches Verwaltungsblatt, Köln	0( )	4( )	3( )	2( )	1( )	0
31. Blatt für Patent-, Muster- und Zeichenwesen, München	25/9( )	42/9( )	8( )	7( )	6( )	5
32. Rechtsprechung der Bauausführung, Düsseldorf	8( )	4( )	3( )	2( )	1( )	0
33. ZMR Zeitschrift für Miet- und Raumrecht, Düsseldorf	7( )	43/9( )	8( )	7( )	6( )	5
34. Gewerblicher Rechtsschutz und Urheberrecht, Weinheim	6( )	4( )	3( )	2( )	1( )	0
35. Zentralblatt für Sozialversicherung, Sozialhilfe und Versorgung, Düsseldorf	5( )	44/9( )	8( )	7( )	6( )	5
36. Blätter für Steuerrecht, Sozialversicherung und Arbeitsrecht, Neuwied	4( )	4( )	3( )	2( )	1( )	0
37. Ehe, Tübingen	3( )	45/9( )	8( )	7( )	6( )	5
38. Kritische Justiz, Frankfurt	2( )	4( )	3( )	2( )	1( )	0
39. Recht der Arbeit, München	1( )	46/9( )	8( )	7( )	6( )	5
40. Sammlung arbeitsrechtl. Entscheidungen, Düsseld.	0( )	4( )	3( )	2( )	1( )	0
Sonstiges, und zwar: ______________________	26( ) 26/0	47/9( )	( )	( )		

Nr.	Frage	Antwort	Sp.	Code	Weiter mit Frage
41.	Nun zu etwas anderem. Zur Rationalisierung des Arbeitsablaufes werden von Firmen und Behörden in zunehmendem Maße EDV-Anlagen (Elektronische Daten-Verarbeitung) eingesetzt. INT: Liste K vorlegen! Welche dieser Arbeiten werden nach Ihrer Kenntnis im Rechtswesen von EDV-Anlagen bereits übernommen?	Speicherung von Informationen	48	9( )	42
		Formulararbeiten		8( )	
		Registerarbeiten		7( )	
		Buchführungsarbeiten, Rechnungswesen		6( )	
		Sonstige Arbeiten, und zwar: __________ __________	49		
		Keine davon		2( )	
		Weiß nicht		1( )	
				0	
42.	Haben Sie schon von Plänen über die Einrichtung einer juristischen Informations-Datenbank gehört?	Ja	50	9( )	43
		Nein		8( )	
				7	

43. Welche juristischen Informationen sollte man Ihrer Meinung nach in einer Informations-Datenbank speichern?

INT: Liste L vorlegen!

Sagen Sie mir bitte anhand der Skala, für wie wichtig Sie die Speicherung der einzelnen Informationsquellen halten? +3 bedeutet "sehr wichtig" - -3 bedeutet "völlig unwichtig".

		Skalenwert	
1a	Alle Gesetze im vollen Wortlaut	______	51
b	Alle Gesetze als Komprimate	______	52
c	Fundstellenangabe zu allen Gesetzen	______	53
d	Eine Auswahl von Gesetzen im vollen Wortlaut	______	54
e	Eine Auswahl von Gesetzen als Komprimate	______	55
f	Fundstellenangabe zu einer Auswahl von Gesetzen	______	56
2a	Alle Verordnungen im vollen Wortlaut	______	57
b	Alle Verordnungen als Komprimate	______	58
c	Fundstellenangabe zu allen Verordnungen	______	59
d	Eine Auswahl von Verordnungen im vollen Wortlaut	______	60
e	Eine Auswahl von Verordnungen als Komprimate	______	61
f	Fundstellenangabe zu einer Auswahl von Verordnungen	______	62
3a	Alle Verwaltungsrichtlinien im vollen Wortlaut	______	63
b	Alle Verwaltungsrichtlinien als Komprimate	______	64
c	Fundstellenangabe zu allen Verwaltungsrichtlinien	______	65
d	Eine Auswahl von Verwaltungsrichtlinien im vollen Wortlaut	______	66
e	Eine Auswahl von Verwaltungsrichtlinien als Komprimate	______	67
f	Fundstellenangabe zu einer Auswahl von Verwaltungsrichtlinien	______	68
4a	Alle Entscheidungen im vollen Wortlaut	______	69
b	Alle Entscheidungen in Leitsätzen	______	70
c	Fundstellenangabe zu allen Entscheidungen	______	71
d	Eine Auswahl von Entscheidungen im vollen Wortlaut	______	72
e	Eine Auswahl von Entscheidungen in Leitsätzen	______	73
f	Fundstellenangabe zu einer Auswahl von Entscheidungen	______	74
5a	Alle Beiträge in Fachzeitschriften im vollen Wortlaut	______	75
b	Alle Beiträge in Fachzeitschriften als Komprimate	______	76
c	Fundstellenangabe zu allen Beiträgen in Fachzeitschriften	______	77
d	Eine Auswahl von Beiträgen in Fachzeitschriften im vollen Wortlaut	______	78
e	Eine Auswahl von Beiträgen in Fachzeitschriften als Komprimate	______	79
f	Fundstellenangabe zu einer Auswahl von Beiträgen in Fachzeitschriften	______	80

80/0

Fortsetzung nächste Seite!

Nr.	Frage	Antwort	Sp.	Code	Weiter mit Frage
	Fortsetzung von Seite 14!	Skalenwert			
6a	Alle Monographien im vollen Wortlaut	________	11		
b	Alle Monographien als Komprimate	________	12		
c	Fundstellenangabe zu allen Monographien	________	13		
d	Eine Auswahl von Monographien im vollen Wortlaut	________	14		
e	Eine Auswahl von Monographien als Komprimate	________	15		
f	Fundstellenangabe zu einer Auswahl von Monographien	________	16		
7a	Alle Lehrbücher im vollen Wortlaut	________	17		
b	Alle Lehrbücher als Komprimate	________	18		44
c	Fundstellenangabe zu allen Lehrbüchern	________	19		
d	Eine Auswahl von Lehrbüchern im vollen Wortlaut	________	20		
e	Eine Auswahl von Lehrbüchern als Komprimate	________	21		
f	Fundstellenangabe zu einer Auswahl von Lehrbüchern	________	22		
8a	Alle Kommentare im vollen Wortlaut	________	23		
b	Alle Kommentare als Komprimate	________	24		
c	Fundstellenangabe zu allen Kommentaren	________	25		
d	Eine Auswahl von Kommentaren im vollen Wortlaut	________	26		
e	Eine Auswahl von Kommentaren als Komprimate	________	27		
f	Fundstellenangabe zu einer Auswahl von Kommentaren	________	28 29/0		
44.	Und welche sonstigen, für die Arbeit des Juristen relevanten Informationen und Fakten sollte man nach Ihrer Ansicht in eine juristische Datenbank speichern?	________ ________ ________ ________ ________ Keine weiter	30	1( ) 0	45

Nr.	Frage	Antwort	Sp.	Code	Weiter mit Frage
45.	Welche Vorteile müßte Ihnen eine juristische Datenbank bieten, damit Sie persönlich diese auch benutzen würden?	Technische Zuverlässigkeit	31	9( )	
		Schnelligkeit		8( )	
		Genauigkeit		7( )	
		Aktualität		6( )	
		Vollständigkeit		5( )	
		Bequemlichkeit		4( )	46
		Kostenersparnis		3( )	
		Arbeitsentlastung		2( )	
		Übersichtlichkeit		1( )	
		Objektivität		0( )	
		Sonstige Vorteile, und zwar: ______ ______ ______	32	0	
46.	INT: Liste M vorlegen!	Skalenwert			
	Auf dieser Liste stehen einige Gesichtspunkte, die für den Einsatz von Computern bzw. Datenbanken bei der Informationsbeschaffung sprechen.	A Einsparen eigener Arbeitszeit ____	33		
		B Einsparen der Arbeitszeit von Mitarbeitern ____	34		
		C Einsparen von Literaturkosten ____	35		
	Können Sie bitte zu jedem Punkt sagen, wie wichtig er für Ihre persönliche Arbeit wäre?	D Leichterer Zugriff zu den neuesten Informationen ____	36		
		E Problemorientierte Aufbereitung der Information ____	37		47
	Sagen Sie es mir bitte wieder anhand der obenstehenden Skala.	F Einsparen von Telefonkosten ____	38		
	+3 bedeutet "sehr wichtig", -3 bedeutet "völlig unwichtig".	G Schnellerer Bezug von Informationen ____	39		
		H Umfassendere Information ____	40		
		J Exaktere Informationen ____	41		
		K Objektivere Informationen ____	42	42/9	
47.	Wie schnell müßten Sie in der Regel Informationen aus der juristischen Datenbank beziehen können, damit die Nutzung für Sie interessant wäre?	______ Minuten 43/9			
		______ Stunden 8	44/45		48
	INT: Je nach Angabe des Befragten Minuten, Stunden, Tage oder Wochen eintragen!	______ Tage 7			
		______ Wochen 6			
		5			

Nr.	Frage	Antwort	Sp.	Code	Weiter mit Frage
48.	Können Sie sich vorstellen, daß Sie für Ihre Arbeit aus einer juristischen Datenbank Informationen erhalten können, die besser sind als die Informationen, die Sie mit Ihrer bisherigen Suchpraxis erhalten haben? Oder sind Ihrer Meinung nach die Informationen aus der Datenbank genauso gut oder sind sie schlechter?	Informationen aus der Datenbank sind besser Informationen aus der Datenbank sind genauso gut Informationen aus der Datenbank sind schlechter	46	9( ) 8( ) 7( ) 6	49
49.	Über die Einrichtung einer juristischen Datenbank ist schon häufig diskutiert worden. Dabei haben sich Meinungen gebildet, von denen wir Ihnen einige auf dieser Liste wiedergeben. INT: Liste N vorlegen! Sagen Sie mir bitte zu jeder Meinung anhand der obenstehenden Skala, wie weit Sie mit dieser übereinstimmen bzw. nicht übereinstimmen. +3 bedeutet "völlige Übereinstimmung" -3 bedeutet "völlige Ablehnung".	Skalenwert			
		A Eine juristische Datenbank ist nicht in der Lage, zur schöpferischen Fortentwicklung des Rechts beizutragen, weil sie nur den bestehenden Zustand dokumentiert	______	47	
		B Eine juristische Datenbank trägt dazu bei, die Zahl der Prozesse und der Rechtsmittel zu verringern, da sie bereits vorher alle einschlägigen Informationen zur Verfügung stellt	______	48	
		C Eine juristische Datenbank fördert die Chancen-ungleichheit unter den Juristen, wenn der Zugang zu Informationen aus der Datenbank kapitalabhängig wäre	______	49	50
		D Eine juristische Datenbank führt zu maximaler Objektivität im Rechtswesen	______	50	
		E Eine juristische Datenbank fördert den Präjudizienkult	______	51	
		F Eine juristische Datenbank verleitet zu "kalter Objektivität" auch in solchen Fällen, in denen persönliche oder subjektive Gesichtspunkte berücksichtigt werden müssen	______	52	
		G Eine juristische Datenbank fördert die Chancen-gleichheit unter den Juristen, da alle Juristen die gleichen umfassenden Informationen erhalten können	______	53 53/9	
50.	Die optimale Nutzung einer juristischen Datenbank setzt gewisse Kenntnisse und die Vertrautheit mit Abfragetechniken voraus. Wären Sie gegebenfalls bereit, sich in die Benutzung des Systems einweisen zu lassen?	Ja Nein	54	9( ) 8( ) 7	51 52
51.	Und wieviel Zeit könnten Sie persönlich zu diesem Zweck aufwenden?	______ Tage	55/56		52

Nr.	Frage	Antwort	Sp.	Code	Weiter mit Frage
52.	INT: Bitte ankreuzen lt. Frage (5) :	Befragter ist Selbständiger	57	9( )	53
		Befragter ist nicht Selbständiger bzw. keine Angabe bei Frage 5		8( )	55
53.	Angenommen, die Informationen, die Sie aus einer juristischen Datenbank beziehen, wären besser oder brauchbarer als Informationen, die Sie auf Grund Ihrer bisherigen Suchpraxis erhalten, würden Sie in einem solchen Fall auch etwas höhere Kosten akzeptieren?	Ja Nein		4( ) 3( ) 2	54
54.	Würden Sie sich selbst eine Abfragestation mit Anschluß an die Datenbank anschaffen oder ist das kostenabhängig?	Ja Kostenabhängig Nein	58	9( ) 3( ) 7( ) 6	55
55.	Sehen Sie eine Gefahr, daß Sie persönlich durch die Benutzung einer Datenbank manipuliert werden könnten, weil Sie selbst keinen Einfluß auf die Speicherung haben, oder hängt das vom Träger des Systems ab?	Ja, kann manipuliert werden Hängt vom Träger des Systems ab		4( ) 3( )	56
		Nein, kann nicht manipuliert werden		2( ) 1	57
56.	Halten Sie diese Gefahr für so groß, daß Sie deshalb eine Datenbank nicht in Anspruch nehmen würden?	Ja Nein	59	9( ) 8( )	57
57.	Ganz allgemein, würden Sie den Einsatz der elektronischen Datenverarbeitung für Rechtsfragen, mit denen Sie bei Ihrer Arbeit zu tun haben, für nützlich halten?	Ja Nein		4( ) 3( ) 2	58
58.	Zum Schluß hätten wir von Ihnen noch gerne einige Angaben zur Person: INT: Geschlecht des Befragten:	Männlich Weiblich	60	9( ) 8( )	59
59.	Wie alt sind Sie?	________ Jahre	61/62		60

Nr.	Frage	Antwort		Sp.	Code	Weiter mit Frage
60.	Würden Sie mir bitte anhand dieser Liste sagen, welche Ausbildung Sie haben?	Schule	Volksschule	63	9( )	
	INT: Liste O vorlegen!		Mittelschule		8( )	
			Gymnasium ohne Abitur		7( )	
			Gymnasium mit Abitur		6( )	
		Studium	1. juristisches Staatsexamen		5( )	
			2. juristisches Staatsexamen		4( )	
			Kein juristisches, sonder anderes akademisches Examen, und zwar:			
			____________	64		
			____________			
			____________			61
			Promotion in der Fakultät:			
			____________	65		
			Habilitation	66	9( )	
		Sonstiges Ausbildung (z. B. Steuerberaterprüfung):				
		____________				
		____________			0	
61.	Haben Sie vor Ihrem Studium, während oder nach Ihrem Studium auch noch andere Fächer studiert?	Ja, und zwar mit Abschluß:				
	Wenn ja, welche haben Sie mit einem Examen abgeschlossen und welche sind ohne Abschluß?	____________		67		
		____________				
		____________				62
		Ja, und zwar ohne Abschluß:				
		____________		68		
		____________				
		____________				
			Nein, kein anderes Studium		1( ) 0	

Nr.	Frage	Antwort	Sp. Code	Weiter mit Frage
62.	Haben Sie noch Anmerkungen zu den besprochenen oder anderen Themen? Auch diese Angaben werden selbstverständlich vertraulich behandelt!	______________________	69	63
63.	INT: Bitte Stadt/Gemeinde, in der der Befragte arbeitet/studiert eintragen:	______________________	70,71	Ende

72	73	74	75

Listen-Nr.

76

lfd. Nr.

77	78	79	80

Mitarbeiter-Nr.

______________________ Ort

______________________ Datum

______________________ Unterschrift des Interviewers

Kolibri 360 GmbH
Ferdinand-Jühlke-Straße 7
99095 Erfurt, Deutschland
produktsicherheit@kolibri360.de